250 POESÍAS
para NIÑOS

NUEVA BIBLIOTECA BILLIKEN

250 POESÍAS
para NIÑOS

EDITORIAL ATLANTIDA

Adaptación: Lilian Benmayor
Ilustraciones: Fernando Molinari
Producción industrial: Leandro Savoia

Doscientas cincuenta poesías para niños / Evaristo
Carriego...[et.al.]. ; adaptado por Lilian
Benmayor ; ilustrado por Fernando Molinari. - 12a ed. -
Buenos Aires : Atlántida, 2013.
240 p. : il. ; 13X20 cm. (Nueva biblioteca Billiken)

ISBN 978-950-08-1514-7

1. Poesía Infantil Argentina. I. Lilian Benmayor, adapt. II.
Fernando Molinari, ilus.
CDD A861.928 2

Fecha de catalogación: 14/08/2013

Título original: 250 poesías para niños.
Copyright © Editorial Atlántida, 1968
Copyright de la presente edición © Editorial Atlántida, 2013.
Derechos reservados. Décimo segunda edición publicada por
EDITORIAL ATLANTIDA S.A.,
Azopardo 579, Buenos Aires, Argentina.
Hecho el depósito que marca la Ley 11.723.
Libro de edición argentina.
Impreso en Argentina. Printed in Argentina.
Esta edición se terminó de imprimir en el mes de septiembre de 2013
en los talleres gráficos de Buenos Aires Print, Buenos Aires, Argentina.

I.S.B.N. 978-950-08-1514-7

ÍNDICE DE AUTORES

EL NIÑO POBRE

Bernardino Abarsúa

"¡No le despreciéis! ¡Acaso
en su cerebro de infante
guarda el sol que se levante
para alegrar nuestro ocaso!

Es pobre, mas del dolor
el genio a la gloria sube,
cual del rocío la nube,
como del alma el amor...

Su madre, al verle llorar,
le dejó en la frente impreso,
como un escudo, su beso
para que pueda luchar...

En su ruta solitaria
no le neguéis un cariño;
que la lágrima del niño
tiene sabor de plegaria...

¡Amadle! Porque, en verdad,
cual vuestros hijos pequeños,

ese niño tiene sueños
que abarcan la inmensidad;

como los vuestros, ansía,
sin darse cuenta, un laurel,
y largas horas de miel
y triunfos de bizarría..."

EL SALVADOR PERFUME

Agustín Acosta

Se quedó sola entre la hierba, herida
por el tiro certero. En vano el hábil
perro de caza lo olfateaba todo.
La avecilla allá abajo, acurrucada,
por un maravilloso mimetismo
con la hierba, ¡oh, qué bien!, se confundía.
Nada valió que el perro se esforzara
en hociquear desesperadamente;
no pudo hallar a la paloma herida.

¿Cómo falló el sentido del olfato
al dogo magistral, a tanto precio
para esa horrible búsqueda pagado?
¡Asesinos! Pensad que entre la hierba,
puesta por el Señor, flores había.
Flores que sirven para los altares,
para que se coronen las mujeres,
y para que los perros auxiliares
de vuestra crueldad pierdan la pista.

MADRUGADA

Jesús Alcal

Esta mañana dejé mi lecho
muy tempranito y al campo fui.
¡Qué aire tan puro sintió mi pecho
y cuántas cosas bonitas vi!

Vi en el Oriente la rubia aurora
entre las nubes de leve tul,
como una virgen encantadora,
con su vestido blanco y azul.

La recibieron en son de fiesta
los pajarillos con su cantar,
los mil rumores de la floresta,
los arroyuelos al murmurar.

El sol, muy blanco, sobre los montes
alzó la frente con majestad,
iluminando los horizontes
con un torrente de claridad.

Vi, por los valles y por los cerros,
en juguetona revolución,
correr las vacas y los becerros,
buscando alegres su nutrición.

Iban los grupos de labradores
hacia los campos, llenos de afán,
con la herramienta de las labores
con que ellos ganan su humilde pan.

Vi, con el alma de gozo henchida,
por todas partes la animación,
el movimiento que da la vida
a la cabeza y al corazón.

Estoy ligera, fuerte, dichosa
y con alientos de trabajar,
¡oh, de estas dichas la perezosa
seguramente no ha de gozar!

EL GALLO

Armando Alcalde Abascal

Es como un militar: en su apostura,
en su ademán gallardo, en su plumaje,
tiene todo el aspecto y galanura
de un general de reluciente traje.

Es su paso marcial; es altanero
y bravo en el luchar, lo que no impide
que ame la dulce paz del gallinero
donde, como un sultán, reina y preside.

Guerrero sin igual, él mismo toca
el clarín del honor y del combate
al adversario su cantar provoca
y su espolón al adversario abate.

Por las mañanas, su canción sonora,
su canción primorosa y cristalina,
lanza, al lucir de la primera aurora
la primera sonrisa alabastrina.

Alza entonces el hombre la cabeza,
yérguese sobre el lecho apresurado,
abandona del sueño la pereza
y sale en busca del trabajo honrado.

LAS BANDERAS

Tomás Allende Iragorri

¡Las banderas de la tierra
todas juntas cuántas son!;
no son blancas y celestes
como la que quiero yo.

Unas tienen un escudo,
otras tienen un león,
otras tienen las estrellas
y la mía tiene el sol.

¡Viva!, ¡viva!, ¡viva!, ¡viva!,
que la mía tiene el sol.

EL FERROCARRIL

Olegario V. Andrade

Lanzó a los vientos su pendón de fuego,
rasgó los aires su silbido agudo;
su aliento de humo es el fecundo riego
que anima el seno del desierto mundo.

¡Miradlo!... Va tragando las distancias,
parece apenas que la tierra toca,
y devorado por febriles ansias
nubes vomita por su ardiente boca.

¡Miradlo!... Es el guerrero del presente,
el genio armado de la nueva idea:
la ley del porvenir brilla en su frente
y su penacho de vapor ondea.

¡Miradlo!... Es el centauro del progreso,
es el audaz conquistador moderno.
¡Está de sangre su pendón ileso,
su gloria brilla con fulgor eterno!

¡La barbarie se esconde amedrentada
al divisar su enseña brilladora,
como las sombras de la noche alada
al centellar un rayo de la aurora!

¡La barbarie se esconde amedrentada
del desierto en las vírgenes entrañas,
a su acento despiertan y palpitan,
cual palpita el volcán en las montañas!

¡Es del progreso la primera aurora
que irradia en esta tierra bendecida,
en esta tierra, siempre vencedora,
en esta tierra, hidrópica de vida!

¡Es el acento de la audacia humana
que crece, se duplica, se agiganta;
que pone de la vida en la mañana
las alas del relámpago a su planta!

CONSEJO MATERNAL

Olegario V. Andrade

"Ven para acá", me dijo dulcemente
mi madre cierto día
(aún parece que escucho en el ambiente
de su labio la dulce melodía).

"Ven y dime: ¿qué causas tan extrañas
te arrancan esa lágrima, hijo mío,

que cuelga de tus trémulas pestañas
como gota cuajada de rocío?

"Tú tienes una pena y me la ocultas.
¿No sabes que la madre más sencilla
sabe leer en el alma de sus hijos
como tú en la cartilla?

"¿Quieres que te adivine lo que sientes?
Ven para acá, pilluelo,
que con un par de besos en la frente
disiparé las nubes de tu cielo."

Yo prorrumpí a llorar: —Nada —le dije—;
la causa de mis lágrimas ignoro,
pero de vez en cuando se me oprime
el corazón y lloro...

Ella inclinó la frente pensativa,
se turbó su pupila
y, enjugando sus ojos y los míos,
me dijo más tranquila:

"Llama siempre a tu madre cuando sufras,
que vendrá muerta o viva;
Si está en el mundo, a compartir tus penas,
y si no, a consolarte desde arriba."

Y lo hago así cuando la suerte ruda,
como hoy, perturba de mi hogar la calma,
invoco el nombre de mi madre amada
y entonces siento que se ensancha el alma.

LAS TRES CAUTIVAS

Anónimo

En el campo moro,
entre las olivas,
allí cautivaron
tres niñas perdidas;
el pícaro moro
que las cautivó
a la reina mora
se las entregó.
—Toma, reina mora
estas tres cautivas,
para que te valgan,
para que te sirvan.
—¿Cómo son sus nombres?
¿Cómo les decían?
—La mayor Constanza,
la menor Lucía
y la más chiquita
la llaman María.
Constanza amasaba,
Lucía cernía
y la más chiquita
agua les traía.
Un día en la fuente,
en la fuente fría,
con un pobre viejo
se halló la más niña.
—¿Dónde vas, buen viejo,
camina, camina?
—Así voy buscando
a mis tres hijitas.
—¿Cómo son sus nombres?
¿Cómo les decían?
—La mayor Constanza,
la menor Lucía

y la más pequeña
se llama María.
—Usted es mi padre.
—¿Tú eres mi hija?
—Yo voy a contarlo
a mis hermanitas.
¿No sabes, Constanza;
no sabes, Lucía,
que he encontrado a padre
en la fuente fría?—
Constanza lloraba,
lloraba Lucía
y la más pequeña
de gozo reía.

DUERME, NIÑO

Anónimo

Duerme, niño pequeño,
duerme tranquilo en la cuna,
que a tu cabeza está el sol
y a tus pies está la luna.

Duérmete, niño chico,
que viene el coco
y se lleva a los niños
que duermen poco.

Duérmete, niño pequeño,
mira que viene la loba,
buscando de casa en casa
dónde está el niño que llora.

Duérmete, niño chico,
duérmete y calla

no le des a tu madre
tanta batalla.

Ven, sueño, ven
por aquel caminito.
Ven, sueño, ven
a dormir mi angelito.

Duérmete, niño, en los brazos
y dormirás con descanso;
duérmete, niño, en la cuna
y dormirás con fortuna.

Duérmete, niño pequeño,
que hay en el cielo una estrella
que ha de velar por tu sueño,
entre todas la más bella.

LA MUÑECA

Anónimo

Tengo una muñeca
vestida de azul,
con su camisita
y su canesú.

La saqué a paseo,
se me resfrió;
la metí en la cama
con mucho dolor.

Esta mañanita
me dijo el doctor
que le dé jarabe
con un tenedor.

2 y 2 son 4,
4 y 2 son 6,
6 y 2 son 8,
y 8—16,
y 8—24,
y 8—32,
ya verás, muñeca,
si te curo yo.

LAS GALLINAS

Anónimo

Tengo tres gallinas
de color carbón.
todas con pollitos
que son un primor.

Van con los pollitos,
me pongo a contar,
y siempre me sale
la cuenta cabal.

Dos y dos son cuatro,
cuatro y seis, son diez
diez y dos son doce
y once veintitrés.

COPLAS POPULARES

Anónimo

I

Nunca pidas, nunca debas.
Nunca a nadie le hagas mal;
siempre mira, siempre calla
y las gracias me darás.

II

El tiempo y el desengaño
son dos amigos leales,
que despiertan al que duerme
y enseñan al que no sabe.

III

Que es este mundo un globo
dice la ciencia;
y que continuamente
va dando vueltas;
no es, pues, extraño,
que lo que hoy está arriba,
luego esté abajo.

IV

Si el amigo te oculta
tus propias faltas,
más vale el enemigo
que te las tacha;
que éste te enmienda,
y aquél, disimulando,
te las aumenta.

EL SEÑOR DON GATO

(Canción)

Anónimo

Estaba el señor don gato,
estaba el señor don gato,
en silla de oro sentado,
miau, miau, mirrimiau,
en silla de oro sentado,
calzando medias de seda
y zapatito dorado,
cuando llegó la noticia
que había de ser casado
con una gatita parda,
hija de un gato romano.
El gato, con la alegría,
subió a bailar al tejado;
mas con un palo le dieron,
y, rodando, vino abajo.
Se rompió siete costillas
y la puntita del rabo.
Llamaron a los doctores,
médicos y cirujanos;
mataron siete gallinas
y le dieron de aquel caldo.
Le llevaron a enterrar
al pobrecito don gato,
y le llevaban en hombros
cuatro gatos colorados.
Sobre la cajita iban
siete ratones bailando
al ver que se había muerto
aquel enemigo malo.

LA PALOMA

Anónimo

1ª voz.—   Por Dios, blanca paloma,
           como la nieve;
           pósate en el río y bebe.

2ª voz.—   Traigo el ala morada,
           color de lirio.

1ª voz.—   Por Dios, blanca paloma,
           vente conmigo.
           Traes el ala herida,
           paloma blanca.

2ª voz.—   No traigo el ala herida,
           que traigo el alma.

1ª voz.—   Tienes alas moradas,
           color de lirio;
           por Dios, blanca paloma,
           vente conmigo.

2ª voz.—   Soy sola, sola,
           sola y sin dueño,
           solita, sin amores,
           y en pueblo ajeno.
           Soy sola, sola,
           sola y sin dueño.

1ª voz.—   Calla, blanca paloma.
           me haces llorar.
           Yo te daré las alas
           para volar.

CANTOS DE MADRE

Anónimo

Mi niño es una rosa,
mi niño es un clavel,
mi niño es un espejo,
su madre se ve en él.

A dormir va la rosa
de los rosales;
a dormir va mi niño
porque ya es tarde.

Eres como la avellana,
chiquita y llena de carne,
chiquita y apañadita,
como te quiere tu madre.

Mi niño se va a dormir
con los ojitos cerrados
como duermen los jilgueros
encima de los tejados.

La voz de este niño mío
es la voz que yo más quiero,
parece la campanita
hecha a mano de platero.

CANTO DE CUNA

Anónimo

Si este niño se durmiera,
le daría un dineral;
pero después de dormido,
se lo volvía a quitar

Mi niño pequeño
no puede dormir;
le cantan los gallos
el quiquiriquí.

Este niño tiene sueño
muy pronto se va a dormir
tiene un ojito cerrado
y el otro no lo puede abrir.

CANCIONES DE CUNA

Anónimo

Este nene es una rosa,
este nene es un clavel,
este nene es un espejo;
su mamá se mira en él.

A dormir van las rosas
de los rosales,
y a dormir va mi niño
porque ya es tarde.

Duérmete, nenito,
que voy a contar

las maripositas
que hay en mi rosal.

Este nene lindo
que nació de noche
quiere que le lleven
a pasear en coche.

Mi niño bonito
se quiere dormir;
cierra los ojitos
y los vuelve a abrir.

LA CUNITA

Anónimo

La cuna de mi hijo
se mece sola,
como en el campo verde
las amapolas.

Este niño pequeño
no tiene cuna;
su padre es carpintero
y le hará una.

En la cuna bonita,
mi niño duerme;
dulces le dará un ángel
cuando despierte.

Duerme, vida mía,
duerme sin pena
porque al pie de la cuna
tu madre vela.

Pajarito que cantas
en la laguna,
no despiertes al niño
que está en la cuna.

Estrellitas del cielo,
rayos de luna,
alumbrad a mi niño
que está en la cuna.

PENSAMIENTO DE UN PAJARILLO

Anónimo

En mi primera casita
me encontraba muy contento:
creía que el mundo era
redondo, frágil, estrecho
y azul pálido.

Después
viví en un nido pequeño:
entonces creí que el mundo
estaba de pajas hecho.

Más tarde, alcé la cabeza.
El mundo era más extenso,
y de hojas verdes formado.

Alcé por último el vuelo,
y ahora... el mundo no sé
de qué ni cómo está hecho.

EL SOL DE LA MAÑANA

Rafael Alberto Arrieta

Sol de la mañana,
gloria del invierno.
Por la acera de oro
se aproxima el ciego.

Blanco tiene el iris
de sus ojos, blanco.
Sus pies se resisten,
tantean sus manos.

Junto a mi ventana
se detiene el viejo.
—Cante alguna cosa,
cieguito coplero.

—*Sol del caminante,
lumbre de los pobres...*
—Ya sé el consonante:
recoja esos cobres.

Por la acera de oro
se encamina el ciego.
Sol de la mañana,
gloria del invierno.

TRISCA EL CABRITILLO

Rafael Alberto Arrieta

Trisca el cabritillo
por el prado en flor.
(Oigo tu cuchillo,
sacrificador.)
¡Corre, trepa, escapa,
que llega y te atrapa!

Sueña la paloma
sobre rama en flor.
(Tu escopeta asoma,
pillo cazador.)
¡Parte, vuela, escapa,
que llega y te atrapa!

Mariposa, juegas
cercando la flor.
(Tu malla despliegas,
coleccionador.)
¡Vuela, sube, escapa,
que llega y te atrapa!

EL SUEÑO

Rafael Alberto Arrieta

Tres cabezas de oro y una
donde ha nevado la luna.
—Otro cuento más abuela,
que mañana no hay escuela.
—Pues, señor, éste era el caso...
(Las tres cabezas hermanas
cayeron, como manzanas
maduras, en el regazo.)

SOLICITUD DE ANICETO EL GALLO ANTE EL MINISTRO DE GUERRA, DE QUIEN ERA EDECÁN EN 1853, PIDIÉNDOLE UNA MONTURA PARA SU CABALLO

Hilario Ascasubi

Señor general ministro

Siendo edecán *titulao*
muerto a caballo, señor,
en un apero cantor
tan ruin y *descangallao,*
que adonde bajo el recao
queda un montón de polilla;
mientras veo a una tropilla
de ayudantes charabones
cargados de relumbrones
con pistoleras y en silla...

Bien, pues, si soy edecán,
como me han hecho entender,
de juro he de merecer
lo mesmo que a otros les dan;
y como dice el refrán
que "mama todo llorón",
me lamento esta ocasión
a ver si saco mi astilla
y me largan una silla:
que es toda mi pretensión.

SARMIENTO

Lucio Astengo

¡Prez de San Juan! Cerebro que sondea
La recóndita ciencia persuasiva:
Verbo en que bulle la palabra altiva
Desparramando la fecunda idea.

¡Invicto paladín! Alma en que olea,
Cual ancho mar, la inteligencia viva:
En cada justa o sátira festiva
Puso un chispazo su razón febea.

Era la augusta libertad su oriente,
La lid a la barbarie su ardimiento,
El civismo su culto soberano.

La Gloria, a su nacer, besó su frente,
Y aquel beso inmortal hizo en Sarmiento
La encarnación del genio americano.

LA OVEJA ENFERMA

Néstor Astur Fernández

Al borde del camino
la dulce oveja enferma.

Ya no la espanta el ruido
del coche que se acerca,
y en paz consigo misma
reposa en la cuneta.
En sus dolientes ojos
el campo se condensa
—curvo cristal de escarcha
y dos pupilas tiernas—.

La oveja, mansamente
acurrucada espera
que el vellón se le cuaje
con la nieve azulenca.

El rebaño está lejos.
Ella está sola y quieta.

LA INTENCIÓN

Vital Aza

El cura, en la confesión,
al avaro don Senén,
le dijo: "Para obrar bien
basta, a veces, la intención".
Y el hombre, que no es un zote,
sino un tuno sin conciencia,
sigue con tal obediencia
lo que dijo el sacerdote,

que exclama con alegría
y de mansedumbre lleno:
"Yo hago intención de ser bueno
todas las horas del día.
No soy un malvado, ¡no!
Y pues la intención me basta
nadie en limosna se gasta
lo que estoy gastando yo".
Y es verdad. Como le pida
limosna algún pobrecillo,
se echa la mano al bolsillo
y saca un peso en seguida.
Y luego, sin vacilar,
y casi sin enseñárselo,
hace la intención de dárselo...
¡y se lo vuelve a guardar!

DOS HOGARES

J. F. Balmaceda

Tomó el nido de un gorrión
con sus muy tiernos polluelos
un hombre, y él en mil vuelos
mostraba su desazón.

Cazándolo, de esta suerte
habló el hombre: —¡Cómo huyes!
El sembrado me destruyes;
si te pesco, te doy muerte.

—Observa —dijo el gorrión—
que no es dañarte mi intento
y me acusas sin razón:
sólo busco mi alimento.

Me haces injusto la guerra,
a morir de hambre me obligas.
¿Quién te ha dado estas espigas
que puso Dios en la tierra?

—Di mejor mi diligencia
—replicó el hombre—; a mi fe
que la semilla sembré
con trabajo y con paciencia.

—Reconozco tu derecho
y tus cuidados prolijos;
mas no destroces mi pecho,
hombre cruel, dame mis hijos.

El odio al olvido lega,
llénate de compasión.
mira que no es un gorrión,
que es un padre el que te ruega.

Presa del dolor tirano,
detuvo el rápido vuelo,
y del hombre sin recelo
vino y se paró en la mano.

¿Le dio aquél la muerte? No.
Dijo: —Bueno es perdonar,
¡ay!, que también tengo yo
hijos, esposa y hogar.

A CRISTÓBAL COLÓN

Rafael María Baralt

"¿Quién el furor insulta de mis olas?
¿Quién del mundo apartado y de la orilla
Entre cielos y abismos hunde la quilla
De tristes naves náufragas y solas?
Las banderas triunfantes enarbolas,
En la mojada arena con mancilla.
Miedo al mundo serán, no maravilla,
Y ocaso de tus naves españolas".
El mar clamó, pero una voz sonora,
¡Colón! prorrumpe, y al divino acento
Inclina la cerviz, besa la proa,
Cruje el timón: la lona se hincha al viento
Y Dios, guiando al nauta sin segundo,
A los pies de Isabel arroja un mundo.

A DIOS

Rafael María Baralt

Perlas son de tu manto las estrellas,
tu corona los soles que al vacío
prendió tu mano, y de tu imperio pío
espada y cetro al par son las centellas.

Por el éter y el mar andas sin huellas,
y cuando el huracán suelta bravío
sus mil voces de un polo al otro frío,
con tu voz inmortal sus labios sellas.

Doquiera estás doquier llevan tu nombre
mares, desiertos, bosques y palacios,
cielos y abismos, el animal, el hombre;

Aunque estrechos la mente y los espacios
te llevan, ¡oh, Señor!, sin contenerte,
te adoran, ¡oh, Señor!, sin conocerte.

EL MARTILLO

Ernesto Mario Barreda

Tan... tin...
Mueven los fuelles con el balancín.
Pin... pan...
Rojas de fuego las fraguas están.
El hierro suena y el hierro siente...
Y si a la fragua se entrega luego,
El hierro sale todo de fuego
Como una fuerza pura y ardiente.

Canta tu canto de forjador...
Negra es la mina, negro el taller:
Como la vida, como el dolor,
¡Como el destino que has de vencer!
Tan... tin...
Vuelan las notas del canto sin fin.
Tin... tan...
Pasan las horas que no volverán...

Suena el martillo, saltan las chispas
Bajo los músculos del forjador.
Cruzan las sombras áureas avispas,
Moja la frente santo sudor.

Fibra del hierro que se moldea,
Almas ardidas de un noble afán,
Que a golpes mágicos labra la idea
Y entre las almas vibrando van.

Pan... pin...
Mueve los pechos un santo trajín.
Pin... pan...
Truenan los golpes como un huracán.

Todo lo puedes, buen forjador;
Con tu martillo fuerte y sonoro
Bates el hierro con más amor
Que si el lingote fuese de oro.

Es el presente de un don sagrado
Que sobre el yunque viene a parar.
¡Forja la lámina para el arado,
Mas no la espada para matar!

Tin... ton...
hinchan los fuelles su rudo pulmón.
Pin... pan...
¡Y rojas de fuego las fraguas están!

LA AGUJA

Ernesto Mario Barreda

La máquina de coser
Canta su canción de prisa,
Mientras la buena mujer
Va cosiendo una camisa.

Sobre la espalda encorvada
La lámpara da un reflejo,
Y parece cobijada
Con un manto de oro viejo..

Y la tela que viene y la tela que va
Y que nunca se rompe ni aja.

Y la rueda *traca traca tra,*
Y la aguja que sube y que baja.

De las paredes blanqueadas
Penden cromos y retratos,
Y esas frágiles monadas
De los bazares baratos.

Una niña pensativa
Sobre un libro aprende a leer,
Mientras canta fugitiva
La máquina de coser.

Y la hora que suena y se va,
Y el pan y el amor que nunca van juntos,
Y la rueda *traca traca tra,*
Y la punta deja su línea de puntos.

La tela a ratos se espesa
En una encrespada ola,
O cuelga desde la mesa
Como si fuera una cola.

Mientras la mujer prolija
Sigue su trabajo diario,
Y le acompaña su hija
Que aprende el abecedario.

Y en tanto la suerte marcha volandera
Mostrando su avaro y huraño cariz,
Cose, cose, cose, buena costurera,
Cose la camisa del hombre feliz.

LOS NIÑOS EN LA ESCUELA

Daniel Barros Grez

Eran treinta chiquillos de una escuela;
Es hora de recreo, y, casualmente,
El maestro está ausente:
Considera, ¡oh, lector, cómo estarían!
Es el caso que allí todos tenían
Unos vidrios pintados
De diversos colores, y sus ojos
Los objetos veían coloreados
Con el propio color de sus anteojos.
Una exclama: ¡la escuela está rosada!
—Yo la veo amarilla; ¡qué bonita!
—Yo apuesto a que es azul —el otro grita.
—A mí nadie me quita que es morada.
En todo, aquello era
Un infierno y confusa pelotera,
Y ninguno entendía
A lo que uno, prudente, les decía:
Cállense todos, callen, pues prevengo
Que nadie la verdad ve, de seguro,
Mejor que yo, que tengo
El vidrio no pintado limpio y puro.
¡Ay! ¡Cuán del mismo modo
Se engañan tantas veces los humanos,
De la verdad buscando los arcanos!
Porque lo miran todo
Al través de su propia conveniencia,
O engañada conciencia,
No atendiendo jamás a quien prudente
Les muestra la verdad, pura y luciente.

RIMA

Gustavo Adolfo Bécquer

Del salón en el ángulo oscuro
de su dueño tal vez olvidada,
silenciosa y cubierta de polvo
veíase el arpa.

¡Cuánta nota dormía en sus cuerdas,
como el pájaro duerme en las ramas,
esperando la mano de nieve
que sabe arrancarlas!

¡Ay!, pensé, ¡cuántas veces el genio
así duerme en el fondo del alma,
y una voz, como Lázaro, espera
que le diga: Levántate y anda!

CRISTOBITA

Francisco Luis Bernárdez

Cristobita; pobre
muñeco de trapo
del populachero
guiñol de mi barrio.

¡Pobre Cristobita,
mártir de los palos
de aquel bigotudo
gendarme irritado!

En el tingladillo
—tu Gólgota diario—

mi misericordia
estaba a tu lado.

Ya sé, Cristobita,
que tu alma de trapo
subía a tus ojos
de vidrio pintado,
en una sonrisa
húmeda de llanto,
cuando yo me iba,
del guiñol, llorando.

PASA UN ORGANITO

Emilia Bertolé

¡Oh, popular melodía
Del organito que pasa!
¡Cómo nos hablas de cosas
Que creímos olvidadas!
Cosas de la infancia muerta,
Vagas, borrosas y pálidas,
¡Como esas fotografías
Que ya no recuerdan nada!
Quince años, la casa vieja,
Una calle larga, larga...
Simples muchachas del pueblo
Que dan vueltas por la plaza.
¡La primer coquetería,
La rubia trenza a la espalda,
Charlas, risas y sonrojos,
Azul el cielo y el alma!
¡Oh, el aroma indefinible
De aquellas tardes lejanas!,
¡Oh, el encanto de tus valses,

Viejo organito que pasas!
¡Me has dejado una tristeza
Como prendida en el alma!
Mientras en la mesa todos
Discuten cosas extrañas,
¡Me seco furtivamente
Los ojos llenos de lágrimas!

SEMBRANDO

M. R. Blanco Belmonte

¡Hay que luchar por todos los que no luchan!
¡Hay que pedir por todos los que no imploran!
¡Hay que hacer que nos oigan los que no
[escuchan!

¡Hay que llorar por todos los que no lloran!
Hay que ser cual abejas que en la colmena
Fabrican para todos dulces panales.
Hay que ser como el agua que va serena
Brindando al mundo entero frescos raudales.
Hay que imitar al viento, que siembra flores
Lo mismo en la montaña que en la llanura;
Y hay que vivir la vida sembrando amores,
Con la vista y el alma siempre en la altura.
¡Hay que vivir sembrando! ¡Siempre
[sembrando! ...

EL GATO

Antonio Bórquez Solar

Mi gato pequeño
va siempre con sueño
y duerme de día,
acaso pensando, con gran alegría,
en todas las ratas que va a manducar.

Se tiende a la orilla
del fuego que brilla
y allí *runrunea,*
y en tanto que el fuego brillante chispea
el gato dormido se pone a roncar.

Después de algún rato,
miau-miau, dice el gato.
Se lame el bigote
si escucha el chillido de algún pericote
que allá en la despensa corriendo pasó.

De noche, en acecho
está bien derecho;
ni duerme ni chilla;
si pasa una rata, al tiro la pilla,
le clava las garras y ¡zas!... ¡la mató!

EL RELOJ

Antonio Bórquez Solar

El reloj de blanca esfera
que mirándonos está,
siempre andando, va diciendo
despacito *tic* y *tac*.

El reloj que da la hora
que nos llama a trabajar,
no descansa noche y día
de su lento *tic* y *tac*.

Cuando da la hora alegre
en que vamos a jugar,
nos parece que se ríe,
cuando dice *tic* y *tac*.

Y cuando llegue el momento
en que Dios nos llamará,
tristemente dirá el péndulo,
lentamente: *tic* y *tac*.

Mas si siempre hemos vivido
de justicia y de verdad,
de esa hora escucharemos
sin temor el *tic* y *tac*.

EL ARCO IRIS

Antonio Bórquez Solar

Los colores del arco iris
de los cielos siete son,
como siete en la semana
son los días que hizo Dios,

como siete son las notas
de la pauta del cantor...
Los colores del arco iris
de los cielos siete son.

De un topacio es su amarillo
y su rojo es de rubí,
su violeta es de amatista
y su azul es de zafir

y su verde es la esperanza
de un alado querubín
Los colores del arco iris
el buen Dios los hizo así.

Cuando pasa la tormenta
y brillante sale el sol,
en los cielos el arco iris
da su risa y su fulgor;

y en los campos se sonríe
el cuitado labrador,
cuando pasa la tormenta
y brillante sale el sol.

¡HUÉRFANOS!

Antonio Bórquez Solar

¿Por qué van tan tristes los tres pajaritos?
Tan chicos, los pobres, y ya huerfanitos.

El nido ha quedado
tan abandonado
que van a azotarle los vientos, a miles...
¡Tan sólo, Dios mío, que Tú lo vigiles!

Mañana la boca de los pajaritos
con pena y con hambre se hartará de gritos.

¿Qué harán en la vida los tres pajaritos
tan chicos, tan pobres, y ya huerfanitos?

Correrán los mundos
como vagabundos
en medio a los hombres malvados y hostiles...
¡Tan sólo, Dios mío, que Tú los vigiles!

CARIDAD

Humberto Bórquez Solar

Tiende la mano al pobre y al caído;
no seas duro ante el sufrir ajeno.
Haz de tu corazón un tierno nido
de amor para el humilde y para el bueno.

Parte tu pan con el que no ha comido;
al ignorante apártalo del cieno;
cubre al desnudo y al que va aterido;
sé como un cofre de virtudes lleno.

Es hermoso y muy dulce hacer el bien,
sin la ambición de un premio en el futuro.
Está en nosotros mismos el edén,
tal un diamante, sin pulir, oscuro.

Pule con fe tu espiritual diamante
y tendrás luces y placer bastante.

EL REMANSO

Dulce María Borrero

Bajo el arco fresco del ramaje umbrío,
de los arrayanes que bordan la orilla
entre la guirnalda florecida, brilla
como una pupila de esmeralda el río.

Y es la transparencia de sus aguas puras
inmovilizadas, tan serena y honda,
que se unen la fronda sonora y la fronda
del cristal, formando dos grutas oscuras.

Del airón altivo de una palma enhiesta
oculto en los flecos, con trinos de fiesta
modula un sinsonte sus claras octavas,

mientras doblegadas amorosamente,
con leve murmullo besan la corriente
los penachos líricos de las cañas-bravas.

VIVIR

Lola S. B. de Bourget

Vivir es progresar, perfeccionarse;
Hacer el bien, sufrir, sembrar belleza;
No es vivir la obsesión de la riqueza,
Ni en egoísmos torpes encerrarse.

Vivir es trabajar por elevarse
En un perpetuo anhelo de grandeza.
Y a pesar del dolor y la pobreza,
Serena y firme el alma conservarse.

Flaquear en esa lucha es cobardía;
Desertar, es infamia; el que ha nacido
Debe seguir por la espinosa vía.

Altivo y fuerte, y al caer, rendido
Por los azares del combate rudo,
Caerá, cual gladiador, sobre su escudo.

LA CANCIÓN DE PAZ

Mario Bravo

Duermen los niños en sus cunas,
las buenas madres velando están.
¡Duermen los niños! ¡Sueñan los niños!
Ésa es la paz.

Cantan los niños en la escuela,
vuela en los aires coro jovial.
¡Cantan los niños! ¡Juegan los niños!
Ésa es la paz.

El sol fecunda las campiñas,
los sembradores sembrando van;
Grandes cosechas colman el mundo:
Ésa es la paz.

A la distancia, en la llanura,
se eleva el himno del hogar;
vuelan en torno las golondrinas:
Ésa es la paz,

Diez mil navíos en las dársenas,
diez mil navíos van a zarpar;
por el mar vienen diez mil navíos:
Ésa es la paz

Por los caminos, en tumulto,
los campesinos vienen y van;
pasan cantando los campesinos:
Ésa es la paz.

Vibra la vida en las metrópolis,
destruye y crea sin cesar.
¡Vibra la vida! ¡Vibra la vida!
Ésa es la paz.

Y en las aldeas y ciudades,
y en las montañas y en las campañas,
ninguno falta, todos están:
¡están los viejos y están los jóvenes,
están los hijos y están las madres!
Ésa es la paz.

EL CEDRO

Mario Bravo

Yo con mis propios brazos cavé el pozo.
Yo con mis propias manos planté el cedro.

Y pasarán los años y los años,
Siempre tendrá la planta gajos nuevos.

Y pasarán los años y los años,
Y el cedro sin cesar irá creciendo.

Y pasarán los años y los años,
Y el cedro estará aún joven y yo viejo.

Y en la paz del hogar, si lo consigo,
Al familiar amparo del alero,
En mi chochez ingenua de hombre anciano
Contaré sin reposo el mismo cuento:
"Yo con mis propios brazos cavé el pozo".
"Yo con mis propias manos planté el cedro."

Y pasarán los años y los años,
Y "alguien" quizá repita en su recuerdo:
"Él" con sus propios brazos cavó el pozo;
"Él" con sus propias manos plantó el cedro.

SIESTA

Alfredo R. Bufano

La chicharra en el parral
su rauda matraca toca,
acompañando a la loca
flauta que toca el zorzal.

Olor a vino pichanga
sale de la amplia bodega,
y el tibio viento a mí llega
trayendo un son de catanga.

El sol quema en la enramada
de chilca reseca y dura,
mientras la acequia murmura
su eterna y simple tonada.

Y bajo un chañar que ostenta
sus huevecillos de oro,
parlotea un viejo loro
en la tarde soñolienta.

LOS GUANACOS

Alfredo R. Bufano

Entre los berruecos
del valle nevado
en tropel sonoro
pasan los guanacos,
con la grupa llena
de copitos blancos.

Ágiles los remos
nerviosos, y el largo
pescuezo
estirado.

En tropel sonoro
pasan los guanacos.

El hambre y la nieve
los traen hasta el llano,

con sus negros ojos
tristes, dilatados
y húmedos
de espanto.

En tropel sonoro
pasan los guanacos.

La manada guía
el hermoso macho;
fornido, potente, magnífico,
con algo de antiguo centauro.
Las hembras lo siguen a ciegas,
temblorosas de miedo y cansancio.

En tropel sonoro
pasan los guanacos.

Al ruido más leve
se apretujan todos como el mudo amparo;
al aire levantan el húmedo hocico
y los luminosos ojos asustados
clavan en el valle solitario y mudo,
y siguen andando
ágiles, nerviosos,
bellos en su espanto,
en locas carreras
y saltos.
la testuz enhiesta
y hundidos los flancos.

En tropel sonoro
pasan los guanacos.

Por el valle cubierto de nieve
ha sido un relámpago.

EL MOLINERO

Alfredo R. Bufano

El molinero de Dios
está cerniendo su harina.
¡Cómo es de blanca, mi Dios!
¡Cómo es de blanca y de fina!

¡Cuánta harina en el sendero,
en la montaña, en la selva!
¡Dale, mi buen molinero,
que harina todo se vuelva!

Finos copos, leves ramos
Dios a los vientos entrega.
¡Vengan a ver y corramos
a llenar nuestra talega!

Todo el valle está nevado;
nevado el río también,
y nevado el desolado
monte de chirca y caldén.

¡Que no se encuentre el sendero!
¡Que no se oiga nuestra voz!
¡Dale, dale, molinero
de los molinos de Dios!

BALADA DE LA NIEVE

Alfredo R. Bufano

I

La nieve era una doncella
que se estaba por casar;
una doncella donosa,

alegre y triste a la par.
Ya la doncella se viste
su traje de lino albar;
las flores del limonero
la doncella luce ya.
Un anillo de marfil
sueña en su largo anular,
y una cruz de ágata blanca
sobre el pecho de vestal.

II

Llega en eso un caballero
jinete en recio alazán,
un caballero de luto
de alucinado mirar.

III

"¡Doncella, la más donosa,
triste nueva os vengo a dar!
¡Con la muerte se ha casado
quien con vos se iba a casar!
¡No aguarde, pues, la doncella
a quien nunca ha de tornar!"

IV

Murió de pena la niña
después de mucho llorar.
Y vestidita de novia
se fue al cielo a descansar.
Y desde allí, la doncella,
que aún no deja de pensar,
cuando el recuerdo la envuelve,
echa a la tierra a volar
las flores de los naranjos
que aroman la Eternidad.

PATIO DE GUAYMALLÉN

Alfredo R. Bufano

Patio en las mañanas
límpidas de abril.
Perfuma el toñil
de manzanas.

Ajíes bermejos
en el almijar.
Arriba un volar
de vencejos.

Amarillas hojas,
dulce y tibio sol;
blanquea el resol
de panojas.

Túrdigas resecas
al rayo otoñal.
Allá en el parral,
las turecas.

Chivatos contentos,
y en pos el rapaz.
Junto al horno un haz
de sarmientos.

La soga y la caña
y la ropa al sol.
Lejos, tornasol,
la montaña.

OFRENDA A LA PATRIA

Carlos Octavio Bunge

Por mi Dios y por mi sangre
te hago ofrenda de mi vida;
lo que soy y lo que tengo
te lo debo, patria mía.

Lo que canto y lo que sueño,
todo el cáliz de mi vida,
ante el ara de tus héroes
te lo brindo, patria mía.

No me arredran los embates
de la lucha de la vida,
porque sé que la victoria
siempre es tuya, patria mía.

Y si pierdo en la batalla
los alientos de mi vida,
clamará mi último grito:
"¡Vive y triunfa, patria mía!".

Lo que soy y lo que tengo
te lo debo, patria mía:
de mi vida te hice ofrenda,
¡usa, patria, de mi vida!

PANADERO... PANADERO...

Justa Burgos de Meyer

Hacia las nubes, ligero
va el gracioso plumerito
y el encanto es sólo grito
que conmueve al patio entero:
"¡Panadero, Panadero!".

Desde el cardal polvoriento
donde la flor se desmiga,
porque el pájaro y la hormiga
le pidieron alimento,
sube, juguete del viento,
la pálida pelusita
como una leve arañita
escalando el firmamento.

"¿Dónde vas, raudo viajero?",
va preguntando el candor,
mientras se alza evocador
el pequeño aventurero:
"¡Panadero, Panadero!".

¡Cuánto te aman los pequeños,
fantástico plumerito,
que vuelas leve y bonito
por los cielos azuleños!
¡Cuántos mirajes risueños!
para su imaginación
abre tu audaz ascensión,
blanca alita de sus sueños!

Incansable callejero
que desde el cardal te subes
para explorar en las nubes

algún remoto sendero:
"¡Panadero, Panadero!".

BARCOS DE PAPEL

Justa Burgos de Meyer

Es sólo un arroyito que la lluvia ha colmado
pero a los muchachitos se les antoja un mar,
Y de bruces contemplan tres frágiles barquillas
De papel, que, sin rumbo ni gobierno, se van.

Pensativos las miran: ¿Llegarán a buen puerto?
Por rumbos ignorados, ¿hacia qué tierra irán?
Y las tres navecitas temblorosas se alejan
Por la suave corriente, para no volver más.

¡Qué lindo si arribaran a un país de enanitos!
¡Qué alborozo en la costa! Qué gritos: "¡A la mar!
¡A la mar que allá vienen tres gallardos bajeles
Buscando entre nosotros su bravo capitán!".

Los muchachitos sueñan con la liliputiense
Flota, tan pequeñita que apenas se verá,
Mientras las ya lejanas navecitas parecen
Tres fantásticas aves, picoteando en el mar.

EL LOBO

Susana Calandrelli

Pupila de los bosques, oído siempre alerta,
destino inexorable del corderito bobo el lobo
es un bandido sin ley: vive del robo,
y no valen rescates para su presa muerta.

Ocurre sin embargo que en la penumbra incierta,
acaso distraído de su sangriento arrobo,
cuajada de visiones su oscura alma de lobo,
tolera, indiferente, que el gamo se divierta.

Dijérase que entonces se queda pensativo.
Le acosa la nostalgia de un pretérito esquivo,
ajeno a los recuerdos, como un sueño olvidado,

y aúlla, cual si viera sobre una blanca duna
la sombra misteriosa de algún antepasado
lamiendo sus cachorros al claro de la luna...

LA MIEL Y EL VENENO

Pedro Calderón de la Barca

Del más hermoso clavel,
pompa de un jardín ameno,
el áspid saca veneno,
la oficiosa abeja, miel.

CUENTAN DE UN SABIO
(Fragmento de "La Vida es sueño")

Pedro Calderón de la Barca

Cuentan de un sabio que un día
Tan pobre y mísero estaba,
Que sólo se sustentaba
De unas yerbas que cogía.
¿Habrá otro (entre sí decía)
Más pobre y triste que yo?
Y, cuando el rostro volvió,
Halló la respuesta, viendo
Que iba otro sabio cogiendo
Las yerbas que él arrojó.
Quejoso de mi fortuna
Yo en este mundo vivía,
Y cuando entre mí decía:
¿Habrá otra persona alguna
De suerte más importuna?
Piadoso me has respondido.
Pues volviendo en mi sentido,
Hallo que las penas mías,
Para hacerlas tú alegrías,
Las hubieras recogido.

UN BOBO HACE CIENTO
La mona, el mono y el loro

Ramón de Campoamor

Con la faz más espantosa
la mona de un mercader,
en ilusión deliciosa,
recordando cualquier cosa
reía a más no poder.

Como un mono la veía,
que por boba la tenía,
reír sólo para sí,
de ella el mono se reía
con un burlesco ¡ji ji!

Un loro que al mono vio
por loco lo tuvo ya,
y también de él se rió,
y sin cesar prorrumpió
en un ¡ja ja! y más ¡ja ja!

Cuando al pasar por allí
oía al simple del loro
la gente, fuera de sí
reía, diciendo a coro:
unos ¡ja ja!, otros ¡ji ji!

Y aunque de bobos la hornada
va siendo muy larga ya,
siquiera por la bobada,
conmigo la carcajada
soltad, diciendo ¡ja ja!

Con lo cual probar intento
que, con remedo servil,
en este mundo, y no es cuento,
así como un loco ciento,
llega un bobo a hacer cien mil.

ROMANCES DE LA NIÑA NEGRA

Luis Cané

I

Toda vestida de blanco,
almidonada y compuesta,
en la puerta de su casa
estaba la niña negra.

Un erguido moño blanco
decoraba su cabeza;
collares de cuentas rojas
al cuello le daban vueltas.

Las otras niñas del barrio
jugaban en la vereda;
las otras niñas del barrio
nunca jugaban con ella.

Toda vestida de blanco,
almidonada y compuesta,
en un silencio de lágrimas
lloraba la niña negra.

II

Toda vestida de blanco,
almidonada y compuesta,
en su féretro de pino
reposa la niña negra.

A la presencia de Dios
un ángel blanco la lleva;
la niña negra no sabe
si ha de estar triste o contenta.

Dios la mira dulcemente,
le acaricia la cabeza,

y un lindo par de alas blancas
a sus espaldas sujeta.

Los dientes de mazamorra
brillan a la niña negra.
Dios llama a todos los ángeles,
y dice: ¡Jugad con ella!

LA SILLA QUE AHORA NADIE OCUPA

Evaristo Carriego

Con la vista clavada sobre la copa
se halla abstraído el padre desde hace rato;
pocos momentos hace rechazó el plato
del cual apenas quiso probar la sopa.

De tiempo en tiempo, casi furtivamente,
llega en silencio alguna que otra mirada
hasta la vieja silla desocupada
que alguien, de olvidadizo, colocó enfrente.

Y, mientras se ensombrecen todas las caras,
cesa de pronto el ruido de las cucharas,
porque, insistentemente, como empujado
por esa idea fija que no se va,
el menor de los chicos ha preguntado
cuándo será el regreso de la mamá.

CANCION DE LA NIÑA QUE FALTÓ A LA RONDA

Manuel de Castro

Luz del alba..., serafines...,
¿quién por ella danzará?
Luna de oro de su frente
¡toda la pena del mar!...

¿Quién nos dirá la gracia
de su gesto y su voz?
Gire la ronda, gire
cada vez más veloz.

Era triste y era alegre
—no podemos decir más—;
sobre el círculo vacío
giraremos sin cesar.

Se irá la luna redonda,
vendrá el lucero del sol;
ronda de días y noches
como en un juego de Dios.

Era frágil y era fina...
¿Quién por ella cantará?
Espejo de luz su frente
—no podemos decir más—.

Durmióse el alba en sus ojos
y nunca más despertó.
Demos vueltas y más vueltas
por la niña que faltó.

Luz del alba..., serafines...,
¿Quién por ella danzará?

Luna de oro de su frente:
¡Toda la pena del mar!

SALUDO A AMÉRICA

Juan Antonio Cavestany

¡Colón! Su nombre solo despierta en la memoria
la página más bella del libro de la Historia,
la empresa más gigante que vieran Tierra y Mar;
con naves y soldados de un pueblo de valientes
él hizo un mundo solo de muchos diferentes,
y vino en estas costas la Tierra a contemplar.
Por él a vida nueva nacieron aquel día
cien pueblos, cuyas almas la niebla oscurecía;
Colón alzó en los aires un lienzo y una cruz,
volvióse hacia la altura gozosa su mirada,
besó la blanda arena, la tierra inmaculada...
¡y abrieron esos pueblos los ojos a la luz!
¡América grandiosa, soberbio continente,
del ósculo que un día selló tu casta frente
brotó tu oculta fuerza, tu nombre redención!
Hoy tienes en tus manos del mundo la palanca;
sé grande... mas no olvides que tu grandeza

[arranca

de España de tu madre, del beso de Colón.

CANTO A LA ARGENTINA

Juan Antonio Cavestany

¡Salve, noble Nación! Seguro puerto
guardado por las olas y los Andes;
ayer triste desierto,

hoy pueblo rico, grande entre los grandes.
El Mundo Viejo que antes te enseñaba
hoy aprende de ti; de ti recibe
hasta el mismo sustento de que vive.
Atravesando mares,
a ti llegan sus hijos a millares,
a realizar su anhelo
de beber de tu fuente,
de recoger riquezas en tu suelo
y de aspirar venturas en tu ambiente.
Llegan y hallan la suerte apetecida,
pues dan a un tiempo, como doble palma,
tu tierra, el rubio trigo: ¡el pan de vida!,
tu aire, la libertad: ¡el pan del alma!

UNA NIÑA A SU MAESTRA

Basilio V. de Charras

Tú fuiste en la noche de la infancia
quien cultivó mi mente que dormía,
sin comprender su fuerza y lozanía,
a la sombra fatal de la ignorancia.

Con tus nobles desvelos y constancia
la negra sombra se ha trocado en día,
y a la luz bendecida, que me guía,
yo del saber aspiro la fragancia.

Mis labios, ¡oh, maestra!, a toda hora
repiten llenos de fervor sincero
el nombre de mi buena bienhechora.

Si alguna vez, del mundo en el sendero,
me atacase la sierpe tentadora,
llevo el ejemplo de tu honor austero.

¡25 DE MAYO!

Martín Coronado

Hijos de Mayo somos:
Saludemos con él nuestro Evangelio;
Mayo es una grandeza inmaculada,
Gloria sin ambición, gloria del pueblo.
La libertad fue siempre,
En todas partes, explosión de incendio,
Algo como el volcán cuando desgarra
De la montaña el inflamado seno.
Y su paso a través de las edades
Con roja luz ha iluminado el cielo.
Sólo en el Plata tuvo
Del Sol que nace el esplendor sereno,
Sólo en el Plata derribó el pasado
Con la tranquila majestad del tiempo.
Mayo surgió en la historia
Y abrió a la luz los horizontes nuevos,
Como el caudal de los fecundos ríos
Cuando desbordan sobre el cauce estrecho
Saludemos a Mayo,
Que es de libertad gloria y ejemplo,
Sin olvidar jamás que a nuestros padres,
Para ser libres, les bastó quererlo.

HARAGANERÍA

Juan Manuel Cotta

Haraganería,
hija de Pereza,
vive en compañía
de doña Pobreza.

La vi ayer: gemía
llena de tristeza
casi en agonía
tendida en su pieza.
Rastros de vileza
en su cuerpo había,
¡ay, y en su cabeza
mucha fantasía!

Un pan no tenía
en su pobre mesa,
pero se sentía
olor de cerveza.

Llenando su artesa
Robo la asistía...
¡Tal como se empieza
se acaba algún día!

Así irá a la huesa
Haraganería,
y doña Pobreza
le hará compañía.

LOS MALOS AMIGOS

Juan Manuel Cotta

Atorra y Vagancia
no van a la Escuela
porque se han juntado
con Juan Sinvergüenza.

Atorra se explica;
"trabajan los tontos",

y con Pedro Rata
se dedica al robo.

Vagancia murmura:
"me deleita el sueño
aunque mis bolsillos
no tengan ni un peso".

Miseria y Desdicha
se les presentaron,
y Atorra y Vagancia
¡cuán tristes lloraron!

LOS VERSOS DE LAURA BEATRIZ

Juan Manuel Cotta

La luna
mi cuna
plateó.
El viento
su acento
me dio.
Chiquita,
buenita
yo soy.
Señores:
mis flores
os doy.

MI CARTILLA

Juan Manuel Cotta

Tiene figuras y letras
que al paso voy entendiendo
y en la tapa lleva un nombre
que anteayer me lo dijeron.

Dice..., ¡vamos!, me he olvidado,
pero es el nombre del dueño.
¡Qué trabajo hacer un libro
que gane fama por bueno!
¿Quién no apreciará a los hombres
que así colman sus deseos?
El autor de mi cartilla
es un notable maestro.

¡Cuánto aprenderé en las hojas
que afanoso deletreo!
¡Oh, mi librito querido,
no sabes cuánto te quiero!

CAMPANITA ESCOLAR

Juan Manuel Cotta

Campanita buena
del nítido son:
tu suave canción
no produce pena.

Después de la aurora
nos llama al trabajo,
constante el badajo
nos grita: "¡Ya es hora!"

Tu bronce no canta
ningún credo grave.
"¡Venga el que no sabe!",
dices pura y santa.

Campana sublime,
campana escolar,
tu dulce cantar
es el que redime.

Campana de paz,
campana de amor;
que nunca el rencor
empañe tu faz.

LOS CHANCHITOS DESOBEDIENTES

Laura M. de Cuenca

Siete chanchitos desobedientes,
sin el permiso de su mamá,
una mañana muy tempranito
salieron juntos a pasear.

Cuando la vieja marrana vino
de comer hierbas en el corral,
a los chanchitos desobedientes
en el chiquero no encontró ya.

Muy afligida, los llamó a gritos,
y, temerosa de algo fatal,
a sus hijuelos, de calle en calle,
de plaza en plaza, se fue a buscar.

En tanto alegres, los paseantes,
gozando estaban de libertad,

y unas dos horas vagaron solos
por las mil calles de la ciudad.

Un tocinero muy renombrado
desde su casa los vio pasar,
y al punto, dijo: ¡Buenos chanchitos
para la pascua de Navidad!

Y dicho y hecho: para la noche,
de la ventana tras el cristal,
los siete chanchos muy adornados,
en unos platos estaban ya.

Cuando la vieja marrana violos,
contando siete, dijo: Cabal:
¡Siete eran ellos los pobrecitos!
—Y, aunque marrana, se echó a llorar.

LA CARIDAD

Rubén Darío

¡Dad al pobre, dad al pobre
paz, consuelo, alivio, pan!
¡Que recobre la esperanza y la alegría
con la ayuda que le dan!

A las manos bondadosas
desde el cielo Dios envía
el perfume de las rosas
de la eterna Alejandría.

Dad limosna al que se agita
por cruel miseria opreso;
a la triste cieguecita
¡dadle un beso!

Damas bellas y adorables
que vivís entre esplendores:
¡a las niñas miserables
dadles pan y dadles flores!

Bondadosas y discretas,
dad un beso al pobre niño.

¡Dios bendiga,
Dios bendiga las violetas
que se arrancan del corpiño
para darse a la mendiga!

Si a los tristes dais consuelo,
sensitivos corazones,
¡tendréis alas en el cielo
y en la tierra bendiciones!

LA CALUMNIA

Rubén Darío

Puede una gota de lodo
sobre un diamante caer;
puede también, de ese modo,
su fulgor oscurecer.
Pero aunque el diamante todo
se encuentre de fango lleno,
el valor que lo hace bueno
no perderá ni un instante,
y ha de ser siempre diamante
por más que lo manche el cieno.

LOS LOROS

Juan Carlos Dávalos

Queo, queo, la lorada
viene quién sabe de dónde.
Queo, queo, le responde
el eco de la quebrada.

Llegan al rayar el día
de las remotas llanuras,
cantando por las alturas
su férvida letanía.

Y piden en su esperanto
al sol que les mueve el ala:
—¡Danos hoy frutas de tala!
¡Queo, queo, Santo, Santo!

El decano de la grey
adelante el rumbo marca,
pues conoce la comarca
desde los tiempos del rey.

Sobre la loma amarilla
queo, queo, queo, queo,
con afanoso aleteo
cruza la verde pandilla.

Y en el vértigo del vuelo,
caen tras la curva falda,
como ramos de esmeralda
de las florestas del cielo.

EL DESPERTAR DEL NIÑO

Sinesio Delgado

Me hace daño la luz de la ventana;
debe estar la mañana muy hermosa.
Voy a pedir a mi mamá una cosa:
que me lleve a la quinta una mañana.

Si se convence de que tengo gana
me pone el traje de color de rosa,
echo mano a cualquier mariposa,
y hago un regalo espléndido a mi hermana.

Pero, ¿por qué no viene a darme el beso?
¿No se habrá levantado todavía?
¿Querrá dejarme en la camita preso?

¡No! Ya siento sus pasos... ¡Virgen mía!
De todo me acordaba menos de eso:
¡de la esponja y del jarro de agua fría!

LAS HORMIGAS

Mario Delheye

Ejército sencillo, alineado. Modelo
de disciplina; ¡cuánto pesar, cuánto desvelo
por la crueldad monstruosa del hombre que no sabe
vuestra labor humilde y al mismo tiempo grave
y hermosa! Yo os contemplo vagando en el jardín,
ya sobre un oloroso pétalo de jazmín,
ya sobre la sedante beatitud de las rosas,
siempre suaves y humildes, sencillas y hacendosas.
¡Hermanas que lo fuisteis de San Francisco!

[¡Hormigas

que yo tanto venero, sed también mis amigas,
y acaso sienta entonces bajo la tarde de oro
el corazón más grande, más noble, más sonoro!

EL ÁRBOL

M. Denegri Costa

Árbol, árbol, tantas veces cuantas mi labio te
nombra,
te reverencio en mis preces,
porque a los nidos guareces
entre tu pródiga sombra.

Porque a los ranchos, perdidos
en los desiertos oteros,
proteges como a los nidos
de los soles encendidos
y de los recios pamperos.

Porque al idilio inocente
brindas aromas y calmas
que saturan el ambiente,
donde un sueño transparente
forma el mundo de dos almas.

Porque es tanta tu fortuna,
que se derraman sus dones
desde el tálamo a la cuna,
fuente de amor cual ninguna
colmada de bendiciones.

Tú, que en perpetua oración
tiendes los brazos al cielo
pidiendo la bendición

de la lluvia, a la función
germinadora del suelo.

¡Loado por siempre seas
en el corazón del hombre,
ya que tantas cosas creas
y brindas a las ideas
vida, color, luz y nombre!

COLONIA ESCOLAR

Narciso Díaz de Escobar

Ángeles más que niños, van reunidos
cual bandada de alegres mariposas,
ya escalando montañas escabrosas,
ya cruzando los valles escondidos.

Laten sus corazones confundidos
dan al viento sus risas cadenciosas
y son capullos de fragantes rosas
por montes y llanuras esparcidos.

Agítase la turba alborozada,
en pos de una ilusión desconocida
que palpita en sus pechos reflejada.

Pájaros son que en amorosa huida,
al olvidar la jaula abandonada.
Gozan por vez primera de la vida.

PATRIA

Leopoldo Díaz

Patria es la tierra donde se ha sufrido,
Patria es la tierra donde se ha soñado,
Patria es la tierra donde se ha luchado,
Patria es la tierra donde se ha vencido.

Patria es la selva, es el oscuro nido,
la cruz del cementerio abandonado,
la voz de los clarines, que ha rasgado
con su flecha de bronce nuestro oído.

Patria es la errante barca del marino,
que en el enorme piélago sonoro
deja una blanca estela en su camino.

Y patria es el airón de la bandera
que ciñe con relámpagos de oro
el sol, como una virgen cabellera.

LA PAMPA
(Fragmento)

Luis Domínguez

Esa llanura extendida,
inmenso piélago verde
donde la visión se pierde
sin tener dónde posar,
es la Pampa, misteriosa
todavía para el hombre,

que a una raza da su nombre,
que nadie pudo domar.

No tiene grandes raudales
que fecunden sus entrañas,
pero lagos y *espadañas*
inundan toda su faz,
que dan paja para el rancho,
para el vestido dan pieles,
agua dan a los corceles
y guarida a la torcaz.

Su gran manto de esmeralda
esmaltan modestas flores
de aromáticos olores
y de risueño matiz;
el *bibí,* los *macachines,*
el *trébol,* la margarita,
mezclan su aroma exquisita
sobre el lucido tapiz.

No tiene bosques frondosos
ni aves canoras en ellos;
pero sí pájaros bellos
hijos de la soledad,
que siendo únicos testigos
del que habita esas regiones,
adivinan sus pasiones
y acompañan su orfandad.

No hay allí bosques frondosos,
pero alguna vez asoma
en la cumbre de una loma
que se alcanza a divisar,
el ombú, solemne, aislado,
de gallarda, airosa planta,
que a las nubes se levanta
como faro de aquel mar.

EL CANTO DEL ZORZAL

María Alicia Domínguez

¡Qué lindo y claro es el canto
del zorzal!
¡Está mojado en el agua
fresquita del Paraná!
Brota, brota y se sostiene
como un acorde de viento,
obstinado en el juncal.

Se afina en no sé qué frondas
fresquísimas de las islas;
es un fluir y es un cesar;
cuando se empieza a escucharlo
ya... no está.
Su nombre es un roce de agua
y de viento en un cristal.
¡Qué lindo y claro es el canto
del zorzal!

¡El que lo escucha una vez
nunca lo puede olvidar!

LA FUENTE Y LA MARIPOSA

José Echegaray

Sobre el cristal de una fuente
una rosa se inclinaba,
y en la linfa contemplándose
y haciendo espejo del agua,
su propia imagen veía,
de sí propia enamorada.
En esto, con giros rápidos,

una mariposa cándida
llegó al borde de la fuente,
y, recogiendo sus alas,
paró su vuelo un instante,
caprichosa o fatigada.
Vio mecerse las dos rosas
entre los soplos del aura:
la del rosal verdadero,
la que el cristal reflejaba.
Y escogiendo la fingida
para el centro de sus ansias,
presto dirigió su vuelo
a la cristalina taza,
hundiendo en líquida tumba
su cuerpecillo y sus alas,
el tul que las transparenta
y el iris que las esmalta.
¡Ay del que busca ilusiones
y realidades aparta!
Será cual la mariposa
aturdida de esta fábula,
que se hundirá en el abismo
de la mentira y la nada.
¡Por cada rosa de arriba
hay otra que finge el agua!

EL PINO VERDE

Fermín Estrella Gutiérrez

Verde pino, verde pino,
vengo a tu sombra a jugar,
a la orilla del camino
quiero una acequia formar.

El agua, agüita de plata,
pronto correrá hasta aquí,
y una dulce serenata
dirá sólo para mí.

Verde pino, verde pino,
¡qué hermosa y dulce canción!:
los pájaros del camino
están en tu corazón.

Al alba, pino de oro;
verde, en el atardecer;
de noche —blanco tesoro—
de plata pareces ser.

Verde pino, verde pino,
los gnomos te cuidarán,
y las ranas del camino
de noche te dormirán.

ADIÓS A LA ESCUELA

Fermín Estrella Gutiérrez

Ha llegado el momento de dejarte;
nuestra labor del año está cumplida;
somos el escuadrón blanco que parte
con la amargura de la despedida.

Patio con sol, que nunca olvidaremos;
aula, donde aprendimos tantas cosas;
pedacito de cielo, que aún te vemos
por la ventana abierta entre las rosas...

Ya no vendremos más a tu llamado,
vieja campana de color ceniza,

ni escribiremos en el encerado
con la barrita blanca de la tiza.

Queda entre tus paredes nuestra infancia,
el primer goce y el primer quebranto,
la amistad, esa flor de tolerancia,
y las maestras que quisimos tanto.

Adiós, escuela. Con el alma henchida
de gratitud, la caravana parte.
Nuestro blanco escuadrón hará en la vida
más de un alto, tal vez, para adorarte.

EL VUELO DE LOS FLAMENCOS

Eloy Fariña Núñez

En el confín de la ribera opuesta,
iluminada por el sol poniente,
tiembla una raya en progresión creciente
sobre la ondulación de la floresta.

La remota bandada avanza presta,
rumbo a los horizontes del oriente,
aleteando en el éter transparente
con el ritmo acordado de una orquesta.

Y al mismo tiempo que croantes loros
manchan de verde la región alada
llena de errantes pájaros canoros,

el grupo pasa en cadencioso vuelo
y se pierde cual cinta sonrosada
en la diafanidad azul del cielo.

SALUDABLE TEMPLANZA

Leandro Fernández de Moratín

Ayer convidé a Torcuato;
comió sopas y puchero,
media pierna de carnero
dos gazapillos y un pato.

Dile vino, y respondió:
"Tomadlo por vuestra vida,
que hasta mitad de comida
no acostumbro a beber yo".

A SAN MARTÍN

Diego Fernández Espiro

Cuando la libertad entra en la aurora,
surge imponente su genial figura,
tiene su talla la suprema altura
de la heráldica estirpe vencedora.

Es la intuición, ferviente, triunfadora,
que del tiempo en el mármol se perdura
el astro rutilante que fulgura
y con su luz un continente dora.

Su no vencida espada de pelea
abre fecundos surcos en el suelo
en que germina con vigor la idea.

Y, signo de su gloria soberana,
un cóndor augustal abate el vuelo
sobre la excelsa cumbre americana.

VOCES DEL JARDÍN

Baldomero Fernández Moreno

LA GUADAÑA
Caigo sobre la hierba sin blandura;
la siego toda a la misma altura.

LA PALA
En la tierra salvaje endurecida
penetro vertical y decidida.

LA AZADA
Pero en seguida entro yo en funciones;
deshago y pulverizo los terrones.

EL RASTRILLO
Como una cabellera bien peinada
queda la tierra de una rastrillada.

LA REGADERA
Aplaco el polvo gris que se levanta...
El que trabaja se sonríe y canta.

A UN CABALLO DE CALESITAS

Baldomero Fernández Moreno

¡Pobre caballito
de las calesitas!
Tapados los ojos,
entre claras risas,
al son de una música,
¡qué cansado giras!

Tu dueño implacable
dejarte podría
pegar unos brincos
por esas campiñas
bajo el sol de fuego
de las romerías.

¡Pobre caballito
que giras y giras!
¿Qué hacen esos otros
de actitud bravía,
de crines revueltas,
de orejas erguidas,
nevados y negros,
bayos y con pintas,
de doradas riendas
y gualdrapas finas?
Lucirse orgullosos
con sus cargas lindas
de bucles castaños
y rosas mejillas...

En seco detente,
de rabia relincha,
no hagas caso al látigo
que en tu grupa silba,
ni a la frase dura,
ni a la musiquilla
a que por costumbre
lentamente giras...

Díle al empresario
te licencie un día
y una buena máquina
tome tus fatigas.
¡Díle que los niños
no se enojarían!

DUERMES

Baldomero Fernández Moreno

La madre ha logrado
dormir a su hijito.

Una obra maestra
de pequeños suspiros,
de menudas palabras,
de amenaza, de mimos,
de dulces cancioncillas,
de voluntad, de instinto...

No respiremos casi.
El niño se ha dormido.

POR UNA HORMIGUITA

Baldomero Fernández Moreno

Las hojas verdes, las baldosas rojas,
templado el sol y lánguida la brisa,
bajo la parra familiar del patio,
en los maternos brazos sonreías.

Yo pensaba, feliz, al contemplarte:
¡dulce es el mundo, sin dolor la vida!
Cuando te echaste bruscamente al suelo
y tu inocente pie mató una hormiga.

Tú seguiste jugando por el patio.
Rezo estos versos yo por la hormiguita.

LAS TRES VIRTUDES

Ovidio Fernández Ríos

Cuando seas señor de tus sentidos
un árbol planta y buena obra hiciste,
porque él alegrará tu huerto triste
con frutos, flores, pájaros y nidos.

De todo lo que oigas y que veas;
de lo malo y lo bueno, vil y honrado,
escribe un libro y deja en él grabado
el vigor de tu ser y tus ideas.

Y cuando sienta tu vivir sereno
que la paz del hogar te llama y nombra,
haz con amor un hijo, justo y bueno,

para que aprenda la sabiduría
de tu libro inmortal, bajo la sombra
del árbol noble que plantaste un día.

EL PAVO REAL

Ovidio Fernández Ríos

El gomoso pavo real
abre en su coquetería
la cola, que se diría
es una aurora boreal.
En cada pluma hay triunfal
un arco iris redondo
que se destaca en el fondo
de un violeta episcopal
Tras él un conejo mira
tan regia pompa y estira

sus orejas con fruición,
que parecen, con los rojos
puntos de sus breves ojos,
dos signos de admiración.

EL GATO

Ovidio Fernández Ríos

Usa tanta astucia y tanta
indiferencia, que finge
como una actitud de esfinge,
que nada asombra ni espanta.
Su malignidad me encanta
y, en cambio, me desespera
la crónica carraspera
del runrún de su garganta.

Lo estoy mirando. Su pelo
es brillante terciopelo
que se quema con el sol;
y sobre el negro tejado
duerme, y parece, enroscado,
un enorme caracol.

EL GALLINERO

Ovidio Fernández Ríos

Su fiesta llega hasta mí.
Las gallinas cacarean
y los pollos deletrean
una lección de la i.
Un gallo en tono de si,

después que sus alas bate,
como un canto de combate
prorrumpe un quiquiriquí.
Y en medio del gallinero,
luciendo un porte altanero,
un caudillo se asemeja;
y su cresta se me antoja
que fuera una boina roja
echada sobre una oreja.

MI HUERTO

Ovidio Fernández Ríos

Mi huerto es un renacer
de glorias primaverales,
que ahuyentan todos los males
y hacen rejuvenecer.
No tardarán en volver
el milagro en los rosales,
y en los árboles frutales
las ramas a florecer.
Y tras de la cina-cina
el sembrado que germina
se ve desde el mirador,
como un canevá cuadrado
graciosamente bordado
con lana multicolor.

LA ORACIÓN DEL HUMILDE

Ovidio Fernández Ríos

¡Bendita seas, tierra! Verdadera
madre de amor, porque lo creas todo;
vine de ti al nacer y de igual modo
hacia ti volveré cuando me muera.

Bendito el sol que pone en ti la nota
de vida y de calor. Bendita el ave
y la fruta y la flor y el ritmo suave
de la lluvia que es oro cada gota.

Bendito sea el sudor que de la frente
brota, del que te abre las entrañas
para arrojar en ellas la simiente.

Bendito el buey que lucha todo el año,
y bendito el pastor que en las montañas
santifica tu paz con su rebaño.

LA RONDA DE LA LUNA

Gastón Figueira

Luna, luna, luna:
mira nuestra ronda,
blanca como tú,
como tú redonda.
Luna, luna, luna,
¿juegas a la ronda?
¿Sabes la canción
de la infanta blonda?

¿Conoces la historia
de Caperucita?

Oye, niña Luna:
¿Tienes madrecita?
Díle que esta noche
tú quieres jugar.
¡Baja, y con nosotros
ven pronto a cantar!

EL GRILLO

José Enrique Figueira

Un humilde grillo negro
veía desde su cueva
a cierta mariposilla
que giraba en la pradera
luciendo sus finas alas,
tejidas con oro y seda.

Vagaba la mariposa,
como soberana aérea,
entre las flores del prado,
y posaba en las más bellas,
que al recibirla se abrían
para ofrecerle su néctar.

"¡Ah! —tristemente exclamaba
el pobre grillo en su celda—,
¡cuán distinta es nuestra suerte!

A ti, la naturaleza
te regala sus tesoros,
mientras yo entre las tinieblas
sepultado vivo siempre
en la más triste miseria.

No tengo ningún talento;
ridícula es mi presencia;
nadie se acuerda de mí;
¡Como si yo no existiera!".

Mientras así el pobre grillo
al aire daba sus quejas,
siete u ocho rapazuelos
en el prado se presentan,
y en pos de la mariposa
se lanzan a la carrera.

Los pañuelos y las gorras
le arrojan para prenderla,
e inútilmente el insecto
por verse libre se esfuerza;
que pronto aquellos rapaces
entre sus manos la apresan,
y arrebátanle las alas
y le aplastan la cabeza.

El grillo espantado dijo
al mirar la triste escena:
"Jamás volveré a quejarme.
Nunca dejaré mi cueva".

Cuanto más uno se luce,
tanto más la vida arriesga.

LAS HORMIGAS

José María Gabriel y Galán

He admirado el hormiguero
cuando henchían el granero
las innúmeras hormigas;
he observado su tarea
bajo el fuego que caldea
la estación de las espigas.

Esquivando cien alturas
y salvando cien honduras,
las conduce hasta las eras
un sendero largo y hondo
que labraron desde el fondo
de las lóbregas paneras.

Y en hileras numerosas,
paralelas, tortuosas,
la vereda es dura y larga,
pesadísima es la carga
y asfixiantes las fatigas.

Mas la activa muchedumbre
que la tierra reverbera,
senda arriba y senda abajo
se embriaga en el trabajo
que le colma la panera.

Son comunes los quehaceres,
son iguales los deberes
los derechos son iguales,
armoniosa la energía,
generosa la porfía,
los amores fraternales.

Si rendida alguna obrera,
por avara, no subiera
con la carga la alta loma,
la hermanita más cercana
con amor de buena hermana
la mitad del peso toma.

"Nadie huelga ni vocea,
nadie injuria ni guerrea,
nadie manda ni obedece,
nadie asalta el gran tesoro,
nadie encela el grano de oro
que al tesoro pertenece..."

He observado el hervidero
del innúmero hormiguero
en sus horas de fatigas...
Si en los ocios invernales
sus costumbres son iguales,
¡son muy sabias las hormigas!

EL CIELO DE MI PUEBLO

Rosa García Costa

El cielo que yo adoro y en mis versos exalto.
Ese raro celeste tan profundo y tan alto,
Es el mismo que tiende su serena armonía
En los dulces octubres, sobre la tierra mía.

Y las claras estrellas, las estrellas que canto,
Las que alumbran mi vida como teas de encanto,
Son las que, por las noches, enjoyan aquel cielo
Como jazmines áureos, en un remoto vuelo.
Ese cielo, esos astros de indecible belleza,
Se ven desde mi pueblo: basta alzar la cabeza.

EL LAGARTO ESTÁ LLORANDO

Federico García Lorca

El lagarto está llorando.
La lagarta está llorando.

El lagarto y la lagarta
con delantalitos blancos.

Han perdido sin querer
su anillo de desposados.

¡Ay, su anillito de plomo!,
¡ay, su anillito plomado!

Un cielo grande y sin gente
monta en su globo a los pájaros.

El sol, capitán redondo,
lleva un chaleco de raso.

¡Miradlos qué viejos son!
¡Qué viejos son los lagartos!

¡Ay, cómo lloran y lloran!,
¡ay, ay, cómo están llorando!

EL SILBIDO

Goldsack Guiñazú

¡Viejo silbido de los muchachos
Del viejo barrio;
Toque de guerra, toque a la ronda,
Sonora y loca!...

Cuánto podía tu llamamiento,
Silbido viejo.
¡Adiós deberes y penitencias,
Adiós la cena!...
Rasgaba el aire tu frase breve
Y, alegre y riente,
Iba asomando la fresca cara
De cada casa.
Luego, en la calle, la algarabía
Del alma niña,
Pájaro blanco de cuyos juegos
Cuidaba el cielo...
...Hoy he pasado por esas calles
Que tanto saben;
¡Cuán diferente; ni un solo corro;
Dormía todo!...
Silbé como antes... ni una respuesta,
Solas las puertas...
¿Quién ha disperso los camaradas
De la alba infancia?...
(Entre la noche pasó en el viento,
Silbando, el Tiempo...)

EL NIDO

Margot Guezúgara

Lo vi una mañana.
Traía en el pico
un poco de paja,
pajitas de trigo...

Miraba los árboles,
estaba indeciso;
buscaba sin duda
cuál sería el sitio

más bello y oculto
para hacer su nido.

Eligió el más bello,
un árbol florido...
Se arrancó las plumas
de su buche tibio,
y empezó su obra
aquel pajarito,
con tanta constancia
y tanto artificio,
que me dije a solas,
después de un suspiro:
¡Oh, cuánta paciencia
para hacer un nido!

LA INDEPENDENCIA - 1816

Carlos Guido y Spano

La tierra estaba yerma, opaco el cielo,
la derrota doquier: nuestros campeones
que en la tremenda lid fueron leones,
ven ya frustrado su arrogante anhelo.

América contempla en torvo vuelo
la bandera de Mayo hecha jirones.
El enemigo avanza: sus legiones
cantan victoria estremeciendo el suelo.

Pero la Patria, irguiéndose entre ruinas,
¡atrás!, prorrumpe; libre se proclama;
rompe el vil yugo con potente brazo.

Y triunfantes las armas argentinas
llevan la libertad, su honor, su fama
desde el soberbio Plata al Chimborazo.

SILENCIO

Federico A. Gutiérrez

El silencio se hace sombra
en la inmensidad del campo;
ya va llegando la noche,
ya va llegando...

Un búho de mal agüero
con su carita de triángulo,
está inmóvil, en un poste
de alambrado.

Y se enciende una estrellita
en la noche del espacio,
para velar el silencio
de los campos...

LOS HUÉRFANOS

Ricardo Gutiérrez

Cuando el estruendo del festín resuena
en torno de tu mesa regalada
y entre las ondas del quemado aroma
el rumor de los brindis se levanta
acuérdate de aquellos
que a los umbrales de tu puerta llaman.

Cuando en el día de tus padres gires
en el salón de la revuelta danza
y dejes, al pasar, enternecido
el beso de tu amor sobre sus canas,
acuérdate de aquellos
que sólo al borde de la tumba pasan.

Cuando el concierto de armonioso canto
te arrulle con su música inspirada
y el lujo y el fulgor y la alegría
doblen el espectáculo que embarga,
acuérdate de aquellos
que sólo el ¡ay! de los pesares cantan.

Cuando en las horas de la noche negra
contra tus muros la tormenta brama,
mientras en lecho de mullida ropa
junto a los hijos de tu amor descansas
acuérdate de aquellos
que al sólo amparo de los cielos andan.
Y cuando el rayo del albor primero
entre por el cristal de tu ventana
a encender el párpado que duerme
el fuego de la vida en tu mirada,
acuérdate de aquellos
que no despiertan más en la mañana.

¡Ay!, piensa que el Señor no puso en vano
un rayo de piedad dentro del alma
y sobre el cielo de la tierra triste
el sempiterno hogar de la esperanza.

EL ÁRABE HAMBRIENTO

Juan Eugenio Hartzenbusch

Perdido en un desierto
un árabe infeliz, ya medio muerto
de sed, hambre y fatiga,
se encontró un envoltorio de vejiga,
lo levantó, le sorprendió el sonido,
y dijo, de placer estremecido:
"Ostras deben de ser". Mas al verterlas,
"¡Ay! —exclamó— ¡Son perlas!".
En ciertas ocasiones
no le valen al rico sus millones.

EL CUADRO DEL BURRO

Juan Eugenio Hartzenbusch

Pintó el insigne don Francisco Goya
un burro de la casa en que vivía,
con tan rara verdad y valentía
que el retrato del burro era una joya.

Míster... qué sé yo quién, inglés muy rico.
veinte mil reales por el lienzo daba;
Goya, que a la sazón necesitaba
un estudio bien hecho del borrico,
tenaz a enajenarlo se negaba.

Oyendo cierto día
el asno vivo discutir el trato,
exclamó sollozando de alegría:
—¡Mil duros da el inglés por mi retrato!...
Por el original, ¿que no daría?

EL ÁGUILA Y EL CARACOL

Juan Eugenio Hartzenbusch

Vio, en eminente roca donde anida,
el águila real, que le llega
un torpe caracol de la honda vega,
y exclama sorprendida:

—¿Cómo, con ese andar tan perezoso,
tan arriba subiste a visitarme?
—Subí, señora —contestó el baboso—,
a fuerza de arrastrarme.

EL JUMENTO MURMURADOR

Juan Eugenio Hartzenbusch

—Señor: es fuerza que la sangre corra
—dijo al león, solícita, la zorra—;
sin cesar, el estúpido jumento
de ti murmura con furor violento.

—¡Bah! —respondió la generosa fiera—;
déjale que rebuzne cuanto quiera.
Pecho se necesita bien mezquino
para sentir injurias de pollino.

PAISAJE EN EL BOSQUE

Pedro Herreros

Paisaje: te siento tanto
que me haces saltar las lágrimas.
En mi frente pura tengo
el beso de la mañana.

La brisa, al llegar a mí
viene musicalizada.

Los sauces están pescando,
pero nunca sacan nada.

En el cielo y en los árboles
el sol se enciende y se apaga.

Yo estoy tembloroso. Tengo
el alma maravillada.

Porque están viendo mis ojos
nubes, sol, hojas y ramas.

MI PADRE

Pedro Herreros

Mi padre: Nicolás Herreros y Garrido
fue bueno: amaba el árbol, el pájaro y el nido.

Su infantil diversión era una pajarera
en la cual toda clase de pájaros había.
Oyéndolos cantar pasó su vida entera.
Mi padre era una dulce rosa de poesía.

Las fiestas, los domingos, con inocente anhelo
a coger pajarillos nos íbamos los dos.
¡Oh, padre mío! Ahora debe andar por el cielo
cuidando de los pájaros de Dios.

LA CUNA

Para Constancio C. Vigil

Juana de Ibarbourou

Si yo supiera de qué selva vino
El árbol vigoroso que dio el cedro
Para tornear la cuna de mi hijo...
Quisiera bendecir su nombre exótico.
Quisiera adivinar bajo qué cielo,
Bajo qué brisas fue creciendo lento
El árbol que nació con el destino.

De ser tan puro y diminuto lecho.
Yo elegí esta cunita
Una mañana cálida de enero.
Mi compañero la quería de mimbre,
Blanca y pequeña como un lindo cesto.
Pero hubo un cedro que nació hace años
Con el sino de ser para mi hijo,
Y preferí la de madera rica
Con adornos de bronce. ¡Estaba escrito!

A veces, mientras duerme el pequeñuelo,
Yo me doy a forjar bellas historias:
Quizá bajo su copa una cobriza
Madre venía a amamantar su niño
Todas las tardecitas a la hora
En que este cedro, amparador de nidos,
Se llenaba de pájaros con sueño,
De música de arrullos y de píos.

¡Debió de ser tan alto y tan erguido!
Tan fuerte contra el viento y la borrasca,
Que jamás el granizo le hizo mella
¡Ni nunca el cierzo doblegó sus ramas!

Él, en las primaveras, retoñaba
Primero que ninguno. ¡Era tan sano!
Tenía el aspecto de un gigante bueno
Con su gran tronco y su ramaje amplio.
Árbol inmenso que te hiciste humilde
Para acunar a un niño entre tus gajos.
Has de mecer los hijos de mis hijos.
¡Toda mi raza dormirá en tus brazos!

ESTÍO

Juana de Ibarbourou

Cantar del agua del río,
cantar continuo y sonoro,
arriba, bosque sombrío,
y abajo, arenas de oro.

Cantar... de alondra escondida
entre el oscuro pinar...
Cantar... del viento en las ramas
floridas del retamar...

Cantar de abejas
ante el repleto
tesoro del colmenar...
Cantar de la joven tahonera
que al río viene a lavar...

¡Y cantar... cantar... cantar...
de mi alma embriagada y loca
bajo la lumbre solar!

LA HIGUERA

Juana de Ibarborou

Porque es áspera y fea,
porque todas sus ramas son grises,
yo le tengo piedad a la higuera.
En mi quinta hay cien árboles bellos:
ciruelos redondos,
limoneros rectos
y naranjos de brotes lustrosos.
En las primaveras
todos ellos se cubren de flores
en torno a la higuera.
Y la pobre parece tan triste
con sus gajos torcidos,
de apretados capullos se visten...

Por eso,
cada vez que yo paso a su lado
digo, procurando
hacer dulce y alegre mi acento:
"Es la higuera el más bello
de los árboles todos del huerto".

Si ella escucha,
si comprende el idioma en que hablo,
¡qué dulzura tan honda hará nido
en su alma sensible de árbol!

Y tal vez a la noche,
cuando el viento abanique su copa,

embriagada de gozo le cuente:
"Hoy a mí me dijeron hermosa".

LOS DOS CONEJOS

Tomás de Iriarte

Por entre unas matas,
seguido de perros
(no diré corría) volaba un conejo.

De su madriguera
salió un compañero,
y le dijo: —¡Tente, amigo!...
¿Qué es esto?

—¿Qué ha de ser? —responde—.
Sin aliento llego...
Dos pícaros galgos
me vienen siguiendo.

—Sí —replica el otro—,
por allí los veo;
pero no son galgos.
—Pues, ¿qué son?
—Podencos.

—¿Qué, podencos dices?
—Sí, como mi abuelo.
—Galgos y muy galgos,
bien visto lo tengo.

—Son podencos. ¡Vaya,
que no entiendes de eso!
—Son galgos, te digo.
—Digo que podencos.

En esta disputa llegan
los dos perros
pillan descuidados
a mis dos conejos.

Los que por cuestiones
de poco momento
dejan lo que importa,
llévense este ejemplo.

EL OSO, LA MONA Y EL CERDO

Tomás de Iriarte

Un oso, con que la vida
se ganaba un piamontés,
la no muy bien aprendida
danza ensayaba en dos pies.
Queriendo hacer de persona,
dijo a una mona: "¿Qué tal?".
Era perita la mona
y respondióle: "Muy mal".
"Yo creo —replicó el oso—
que me haces poco favor.
¡Pues qué!, ¿mi aire no es garboso?
¿No hago el paso con primor?".

Estaba el cerdo presente,
y dijo: "¡Bravo! ¡Bien va!
Bailarín más excelente
no se ha visto ni verá".
Echó el oso al oír esto
sus cuentas allá entre sí,
y con ademán modesto
hubo de exclamar así:
"Cuando me desaprobaba

la mona, llegué a dudar;
mas ya que el cerdo me alaba,
muy mal debo de bailar".

Guarde para su regalo
esta sentencia un autor:
si el sabio no aprueba, malo;
si el necio aplaude, peor.

EL BURRO FLAUTISTA

Tomás de Iriarte

Esta fabulilla,
salga bien o mal,
me ha ocurrido ahora
por casualidad.

Cerca de unos prados
que hay en mi lugar
pasaba un borrico
por casualidad.

Una flauta en ellos
halló, que un zagal
se dejó olvidada
por casualidad.

Acercóse a olerla
el dicho animal,
y dio un resoplido
por casualidad.

En la flauta el aire
se hubo de colar,

y sonó la flauta
por casualidad.

"¡Oh! —dijo el borrico—.
¡Qué bien sé tocar!
¿Y dirán que es mala
la música asnal?".

Sin reglas del arte
borriquitos hay
que una vez aciertan
por casualidad.

EL GALLO

Luis J. Jiménez

¡Yo soy el gallo! Luego que el día
entre colores de azul turquí
llega invadiendo la selva umbría,
alegre canto: ¡Quiquiriquí!

Luzco mi cresta, cual amapola,
de un rojo vivo de carmesí;
como un penacho luce mi cola,
de hermosas plumas... ¡Quiquiriquí!

Cien años vive quien se levanta
cuando amanece. Creedlo así;
por eso, ufana, mi voz le canta
al sol naciente: ¡Quiquiriquí!

De la pereza soy enemigo:
seguid mi ejemplo, miradme a mí.
Alerta siempre, yo a todos digo:
¡Llegó la aurora! ¡Quiquiriquí!

CUENTO INFANTIL

Juan Manuel Jordán

Sentado en mis rodillas, muellemente,
Todo entregado a mí, mi muchachito
Dice en su media lengua: —Papaíto,
Cuéntame el cuento del guau-guau valiente.

—Bien; escúchame, pues, juiciosamente.
Hubo lejos, muy lejos, un perrito...
—No, eso no, yo quiero el del chiquito
Que cayó una vez en una fuente.

—¡Ah! ¡Muy bien...! Cierta vez una señora
Muy buena, pero muy conversadora,
Que se llamaba, escucha bien, Filipa,

Se compró por dos pesos una lora...
—No quiero que me cuentes ése ahora;
¡Cuéntame el cuento de la buena pipa!

LA ORACIÓN DEL NIÑO

M. F. Juncos

Dios, haz de mi vida
luz brillante y leve
que a todos alumbre
y a ninguno queme.

Dios, haz de mi vida
flor grata a las gentes,
y que de mi casa
perfume el ambiente.

Dios, haz de mi vida
cantarcillo alegre,
que al enfermo anime
y al triste consuele.

Dios, haz de mi vida
cuerpo que sustente
al huérfano niño
y al anciano débil.

El SOLDADITO DE PLOMO

Tristán Klingsor

Mi padre asador, mi madre cuchara
Yo soy soldadito de liviana tropa.
Mi padre asador,
Mi madre cuchara de sopa.

Tengo una peana de raíz de brezo
Redonda, no tiene de talón asomo.
Tengo una peana de raíz de brezo
Y un cuerpo de plomo.

Tengo la barriga pintada de azul
Y de hinchada temo que estalle y me muera.
Tengo la barriga pintada de azul
Y de rojo la parte trasera.

No me muevo, ni poco ni mucho,
Y en el aparador hago centinela;
No me muevo, ni poco ni mucho,
Viendo a doña rata por donde se cuela.

Y, si andando el tiempo, llego a capitán,
Tres galones de oro mis mangas tendrán;

Y, si andando el tiempo, llego a capitán,
Me uniré a una muñeca de palo.
La pondrán sus damas, linda y toda blanca,
Su traje de novia, del novio regalo,
Y alegres tonadas de clarín oiréis,
Como cuando celebran sus bodas
La reina y el rey.

LA CASA DE MIS MUÑECAS

Alberto Larrán de Vere

Mi casita de muñecas
parece una enfermería.
¡Qué racha de enfermedades!
¡Cuánto gastar en botica!

Marilú tiene las piernas
cortadas por las rodillas.
El torpe de mi hermanito
no ve por dónde patina...
y ayer... ¡qué cosa más triste!,
la pisó a la pobrecita.

Dora, la de los ojos celestes
y de melena retinta
—la melena, que era gloria
y orgullo de su mamita—,
cayó en las garras del gato
mientras yo estaba dormida,
y le dejó la cabeza
como una bocha, el mandinga.

Florcita... Yo no me explico
lo que pasó con Florcita.
La puse ayer de mañana

debajo de la canilla
—porque no es propio que tenga
la cara sucia una niña
y estaba, de chocolate,
la pobre, que daba risa—.
Le di jabón y cepillo,
la enjuagué con agua tibia...
Y estoy temiendo que
el baño le sentó mal a Florcita.

Perdió el brillo de los ojos,
el carmín de las mejillas...
Y aunque la metí en la cama,
con porrón y abrigadita,
sigue mi pobre muñeca
tristona y descolorida.
¡Las hijas!, ¡ay, qué trabajo
Señor, que nos dan las hijas!

VELERITO

Alberto Larrán de Vere

Velerito, velerito,
que acaban de hacer mis manos
con una rama de sauce
y un pedacito de trapo.
Ya estás por salir de viaje
para otros puertos lejanos,
y con la bandera al tope
y el velamen desplegado,
alegre te balanceas
de fresca brisa al contacto,
en el agua del estanque
de la plaza de mi barrio.

Viaje de paz es tu viaje
tu pendón azul y blanco,
y un lindo nombre: "Argentina",
llevas escrito en el casco.
Repletas van tus bodegas
de lana, cueros y granos,
y fruta de nuestros bosques
y hacienda de nuestros campos.
Quiero que toques en todos
los puertos que estén al paso,
y que allí donde la pidan
vayas tu carga dejando.

Llevas también un mensaje
para los pueblos hermanos,
que dice así: "En Buenos Aires,
el Veinticinco de Mayo,
la Libertad abrió un puerto
para la grey del trabajo.
No se pregunta qué piensan
los que en él buscan amparo.
No se interroga qué sienten
para tenderles la mano.
Sólo se pide que tengan
mente sana y fuertes brazos,
y un corazón generoso
que no sepa ser ingrato".
Zarpa tranquilo, velero, que
Dios tu rumbo ha marcado.

EL HIMNO DEL CHACARERO

Alberto Larrán de Vere

Valiente chacarero: traza el surco,
tal como el niño raya su cuaderno.
Y como él pone letras en la pauta
pon tú semillas en el surco abierto.
Tú no has ido a la escuela, y sin embargo
escribirás un himno sin saberlo.
Escribirás un himno sin palabras,
porque sabrás que son, buen chacarero,
plana de Dios la tierra, las semillas,
letras de Su Alfabeto.

LOS LIBROS

Enrique Larreta

¿Qué puede haber mejor que este severo
refugio, silencioso, rumoroso?
Hospital de pesares y reposo
del más hondo vivir. Papel y cuero

de infolios y un tufillo rinconero
sahúman la paz del aire penumbroso
y lo intelectualizan. Polvoroso,
del tiempo, residuo prisionero.

Como cosa de mundos submarinos,
rico a su vez de nácares internos
en sus espirales torbellinos,

así este caracol guarda y profiere
un inmenso latir. Pulsos eternos
de aquella juventud que nunca muere.

EL FARO

Samuel A. Lillo

Misterioso centinela
de los mares, aquel faro
se destaca limpio y claro
en la punta de un peñón,
y cual cíclope de piedra
sobre la sirte rugiente,
levanta erguida la frente,
que respeta el aquilón.

Si sobre las verdes ondas
brilla el sol esplendoroso,
tranquilo duerme el coloso,
perdido en la inmensidad;
mas cuando el vago crepúsculo
envuelve la mar desierta,
sacude el sueño... y despierta
en su innoble pedestal.

Mira inquieto la llanura,
y su encendida pupila,
girando en torno, vigila
cuanto abarca su mirar;
mientras su rojiza lumbre,
que el alba espuma arrebola,
va saltando de ola en ola
hasta perderse en el mar.

Cuando en la noche, perdido,
golpeado por la tormenta,
sobre la ola turbulenta
va el navío a zozobrar,
brilla en la sombra de súbito
viva luz como un lucero:

es el faro, que el sendero
del puerto marcando está.

Silbantes lenguas de espuma
saltan, lo envuelven rugientes,
como vívidas serpientes
que el mar le arroja en tropel:
es que le odia el arrecife
y el hondo abismo se irrita,
porque sabe que le quita
las presas que ya eran de él.

Sólo cesa su tarea
cuando, en la costa, la aurora
el alto monte colora
de rosado resplandor,
torna a su sueño el vigía,
mientras se oye en lontananza
el cántico de alabanza
del náufrago que salvó.

EL CONGRESO DE LOS RATONES

Lope de Vega

Juntáronse los ratones
para librarse del gato
y, después de un largo rato
de disputas y opiniones,
dijeron que acertarían
en ponerle un cascabel;
que andando el gato con él
guardarse mejor podrían.
—¡Pensamiento agudo a fe!
—dijo un ratón literato,
fingiendo cojear de un pie—.

¡A ver, señores!, ¿quién le
pone el cascabel al gato?

HIMNO NACIONAL ARGENTINO

Letra de Vicente López y Planes

CORO
Sean eternos los laureles
Que supimos conseguir,
Coronados de gloria vivamos
O juremos con gloria morir.

Oíd, ¡mortales!, el grito sagrado:
¡Libertad, libertad, libertad!
Oíd el ruido de rotas cadenas
Ved en trono a la noble igualdad.
Se levanta a la faz de la Tierra
Una nueva y gloriosa Nación,
Coronada su sien de laureles
Y a sus plantas rendido un León.

De los nuevos campeones los rostros
Marte mismo parece animar,
La grandeza se anida en sus pechos,
A su marcha todo hacen temblar.
Se conmueven del Inca las tumbas
Y en sus huesos revive el ardor,
Lo que ve renovando a sus hijos
De la patria el antiguo esplendor.

Pero sierras y muros se sienten
Retumbar con horrible fragor;
Todo el país se conturba con gritos
De venganza, de guerra y furor.
En los fieros tiranos la envidia

Escupió su pestífera hiel.
Su estandarte sangriento levantan
Provocando a la lid más cruel.
¿No los veis sobre México y Quito
arrojarse con saña tenaz,
Y cual loran bañados en sangre
Potosí, Cochabamba y La Paz?
¿No los veis sobre el triste Caracas,
Luto y llantos y muerte esparcir?
¿No los veis devorando cual fieras
Todo pueblo que logran rendir?
A vosotros se atreve, ¡Argentinos!,
El orgullo del vil invasor,
Vuestros campos ya pisa contando
Tantas glorias hollar vencedor.
Mas los bravos que unidos juraron
Su feliz libertad sostener,
A esos tigres sedientos de sangre
Fuertes pechos sabrán oponer.
El valiente argentino a las armas
Corre ardiendo con brío y valor,
El clarín de la guerra cual trueno
En los campos del Sud resonó.
Buenos Aires se pone a la frente
De los pueblos de la ínclita Unión,
Y con brazos robustos desgarran
Al ibérico altivo León.

San José, San Lorenzo, Suipacha,
Ambas Piedras, Salta, Tucumán,
La Colonia y las mismas murallas
Del tirano en la Banda Oriental,
Son letreros eternos que dicen:
Aquí el brazo argentino triunfó,
Aquí el fiero opresor de la Patria
Su cerviz orgullosa dobló.
La victoria al guerrero argentino
Con sus alas brillantes cubrió,

Y azorado a su vista el tirano
Con infamia a la fuga se dio;
Sus banderas, sus armas se rinden
Por trofeos a la libertad,
Y sobre alas de gloria alza el pueblo
Trono digno a su gran majestad.

Desde un polo hasta el otro
resuena de la fama el sonoro clarín,
Y de América el nombre enseñado
Les repite: ¡Mortales, Oíd!
¡Ya su trono dignísimo abrieron
Las Provincias Unidas del Sud!
Y los libres del mundo responden:
¡Al Gran Pueblo Argentino, Salud!

EL HORNERO

Leopoldo Lugones

La casita del hornero
Tiene alcoba y tiene sala.
En la alcoba la hembra instala
Justamente el nido entero.

En la sala, muy orondo,
El padre guarda la puerta,
Con su camisa entreabierta
Sobre su buche redondo.

Lleva siempre un poco viejo
Su traje aseado y sencillo,
Que, con tanto hacer ladrillo,
Se le habrá puesto bermejo.

Elige como un artista
El gajo de un sauce añoso,
O en el poste rumoroso
Se vuelve telegrafista.

Allá, si el barro está blando,
Canta su gozo sincero
Yo quisiera ser hornero
Y hacer mi choza cantando.

Así le sale bien todo,
Y así en su honrado desvelo,
Trabaja mirando al cielo
En el agua de su lodo.

Por fuera, la construcción,
Como una cabeza crece,
Mientras, por dentro, parece
Un tosco y buen corazón.

Pues como su casa es centro
De todo amor y destreza,
La saca de su cabeza
Y el corazón pone adentro.

La trabaja en paja y barro,
Lindamente la trabaja,
Que en el barro y en la paja
Es arquitecto bizarro.

La casita del hornero
Tiene sala y tiene alcoba,
Y aunque en ella no hay escoba,
Limpia está con todo esmero.

Concluyó el hornero su horno,
Y con el último toque,

Le deja áspero el revoque
Contra el frío y el bochorno.

Ya explora al vuelo el circuito,
Ya, sobre la tierra lisa,
Con tal fuerza y garbo pisa,
Que parece un martillito.

La choza se orea, en tanto,
Esperando a su señora,
Que elegante y avizora,
Llena su humildad de encanto.

Y cuando acaba, jovial,
De arreglarla a su deseo,
Le pone con un gorjeo
Su vajilla de cristal.

EL CARPINTERO

Leopoldo Lugones

El maestro carpintero
De la boina colorada,
Va desde la madrugada
Taladrando su madero.

No corre en el bosque un soplo,
Todo es silencio y aroma.
Sólo él monda la carcoma
Con su revibrante escoplo.

Y a ratos, con brusco ardor
Bajo la honda paz celeste,
Lanza intrépido y agreste
El canto de su labor.

EL NIDO

Leopoldo Lugones

Una artista, una cerda, un hilo, un copo
De lana ocasional, y mucha espina.
Una honda suavidad de pluma fina,
Y un triple gajo de cimbreño chopo.

Y al declinar la vespertina hora,
En la puerta del tálamo sencillo,
Dorándose de sol, el pajarillo
Con gorjeo más suave se enamora.

EL ZORZAL

Leopoldo Lugones

Al matinal
Cielo de añil,
Desde el pensil
Lanza el zorzal,
Silbo viril,
Loa jovial,
Que rompe el tul
Inmaterial
Del alba azul
Y angelical.
Largo arrebol
Dilata el sol
Por el tapial
De aquel vergel,
Donde rival
Más claro que él,
Trinas, genial,
Cantas, sutil,

Pueril zorzal,
Zorzal gentil.

EL NIDO AUSENTE

Leopoldo Lugones

Sólo ha quedado en la rama
un poco de paja mustia
y, en la arboleda, la angustia
de un pájaro fiel que llama.

Cielo arriba y senda abajo,
no halla tregua a su dolor,
y se para en cada gajo
preguntando por su amor.

Ya remonta con su queja,
ya pía por el camino
donde deja en el espino
su blanda lana la oveja.

Pobre pájaro afligido
que sólo sabe cantar y,
cantando, llora el nido
que ya nunca ha de encontrar.

CABALLITOS

Antonio Machado

Pegasos, lindos pegasos
caballitos de madera.

Yo conocí, siendo niño,
la alegría de dar vueltas
sobre un corcel colorado
en una noche de fiesta.

En el aire polvoriento
chispeaban las candelas
y la noche azul ardía
toda sembrada de estrellas.

Alegrías infantiles
que cuestan una moneda
de cobre, lindos pegasos,
caballitos de madera.

COMO LOS GRANOS
DE LA MAZORCA

José María Marcel

Como los granos de la mazorca
que viven juntos y apretaditos
somos nosotros, ¡oh, compañeros!

Así vivimos
sin falsedades, sin egoísmos...
unidos todos y muy juntitos.

Tanto en la casa como en la escuela
de una mazorca somos granitos,
padres y madres, maestros, niños...

Cuando mañana seamos hombres,
continuemos siendo lo mismo.

Dios nos bendiga. Salud nos preste;
que el pan no falte de cada día,
y que el Trabajo nos haga fuertes
y que la Escuela nos haga dignos.

Que así vivamos por muchos años
bajo la chala de un gran cariño,
juntos, muy juntos, y siempre unidos.
Como los granos de la mazorca
que viven juntos y apretaditos.

LA HERMANA

Eduardo Marquina

Verano. Agosto. Declinaba el día,
manchando el cielo de vapores rojos,
y volvían, pisando los rastrojos
dos niños —ella y él— a la alquería.

Ella callaba... El chiquitín decía:
—Yo era un soldado; y cuanto ven tus ojos
no eran parvas de trigo, eran despojos de una batalla
en la que yo vencía...

—Pero... ¿y yo?...
—Deja; espera... Ebrio de gloria

yo volvía, después de la victoria,
y a ti, que eras la reina, te buscaba...

—¡No, no!... La reina es poca cosa... Yo era
— dice la chiquitina— una enfermera;
y tú estabas herido, y te curaba...

EL ARCO TRIUNFAL

Por Eduardo Marquina

¡Ánimo, pues! Cada cual
piense, niños, cuando pasa
por la puerta de su casa
que es como un arco triunfal
y sale al mundo por ella
y un buen ángel le acompaña
para una empresa tamaña
como alcanzar una estrella...

Tú, que con otros, frugal,
partes lo que has de comer,
vive, para resolver
todo problema social;

tú, ingenioso, sigue hurgando;
tú, manirroto, sé tal;
que los dos estáis tratando
del jornal y el capital;

tú, ambicioso, serás rey,
tú, sagaz, tendrás doblones;
tú, llorón, harás canciones,
y tú, necio, harás la ley...

ROSAS

José Martí

De tela blanca y rosada
tiene Rosa un delantal,
y a la margen de la puerta
casi, casi en el umbral,
un rosal de rosas blancas
y de rojas un rosal.

Una hermana tiene Rosa
que tres años besó abril,
y le piden rojas flores,
y la niña va al pensil,
y al rosal de rosas blancas
rosas blancas va a pedir.

Y esta hermana caprichosa,
que a las rosas nunca va,
cuando Rosa juega, y vuelve
en el juego el delantal,
si ve el blanco, abraza a Rosa,
si ve el rojo da en llorar;
y si pasa caprichosa,
por delante del rosal,
flores blancas pone a Rosa
en el blanco delantal.

MÁXIMAS

Martínez de la Rosa

I

Sed indulgente con otros
y lo serán con vosotros.

II

Si el ocio te causa tedio,
el trabajo es buen remedio.

III

Quien te adula y lisonjea,
su bien y tu mal desea.

IV

Siempre que puedas haz bien
y no repares a quién.

V

Sigue a la sana razón,
más que a la vana opinión.

EL MOLINO

Gregorio Martínez Sierra

Sigue el agua su camino,
y al pasar por la arboleda
mueve impaciente la rueda
del solitario molino.
Cantan alegres
los molineros llevando el trigo
de los graneros.
Trémula el agua lenta camina;
rueda la rueda, brota la harina.
Y allá en el fondo
del caserío
al par del hombre
trabaja el río.
La campesina tarea
cesa con el sol poniente
y la luna solamente
guarda la paz de la aldea.

COLÓN

Guillermo Matta

A la marcha veloz del pensamiento
obstáculos el mundo pone en vano,
sólo el débil se abate al sufrimiento:
el genio es invencible y soberano.

Colón, Colón, renueva tu ardimiento.
Ven, ya te espera el hemisferio indiano,
y en frágil nave, desafiando el viento,
hiende en pos de tu gloria el oceano.

Tu genio, el globo misterioso abarca;
de pie sobre el timón, audaz piloto,
siempre al Oeste, siempre va tu barca.

¡Oh, gozo! ¡Oh, triunfo! En el confín remoto,
naciendo el alba entre arreboles, marca
la extensa playa de ese mundo ignoto.

¡DUERME!

Vicente Medina

Tengo a la nena en brazos;
yo la he dormido
cantándole una tierna
canción de niños.
La nena va a dormirse
porque es muy buena...
¡Con su papá, qué a gusto
duerme la nena!...
Duerme, que también duermen

los angelitos...
en las nubes del
cielo quedan dormidos...

Duérmete, pequeñita,
que yo te quiero...
Mañana a coger flores
al campo iremos...
Iremos a sentarnos
cerca del agua,
donde los pajarillos
alegres cantan...
La nena va a dormirse,
porque es muy buena...
¡Con su papá, qué a gusto
duerme la nena!

La nena se ha dormido...
¡qué dulcemente!...
Su santa paz me invade,
mis iras vence,
y mi dolor, en dulce melancolía,
como ella duerme...
Como hilo misterioso de fuente pura
sigue calladamente mi arrullo tierno,
para mi amor, dormido como los ángeles...
¡para mi alma triste, que tiene sueño!...
Amemos, perdonemos,
bendita mía...
Alma, reposa, duerme como la nena...
duerme tranquila.

LA CANCIÓN DE LAS MADRES

Vicente Medina

La canción de las madres
es una delicada
canción de besos...
breve canción que dura
lo que los hijos
en el regazo...
los hijos tiernos,
¡hermosos y fugaces
como las flores!...

Junto a la cuna
cantan las madres;
su canción es caricia,
queja, suspiro...

"La estrella de mis ojos
ya está durmiendo...
¡Ni los ángeles tienen
tan dulce sueño!..."

¡Madres!... ¡Madres!... Misterios
de inefable ternura:
sagrados vasos de la vida. ¡Santas!...
Yo me prosterno ante vosotras, beso
donde pisáis y os rindo
mi adoración en elevado culto.

EL SABLE Y LA PLUMA

Ramón Melgar

—Mi poder es sin límite
—exclamó el sable—;
porque escribo la historia
tinto de sangre.
Brillante mi hoja
va en pos de la conquista,
de honor y gloria.
—Más humilde es mi cetro
—la pluma dijo—;
pero al mundo en su marcha
yo lo redimo.
Son mis antorchas
las que brillan eternas
con luz de aurora.

EL PORVENIR

Ramón Melgar

Piensa, joven, que el tiempo
Es hálito que pasa;
Que son breves las épocas
De la existencia humana.

Que si hoy la adolescencia
Deliciosa, te halaga,
En hombre transformado
Has de verte mañana.

Que la vida es de todas
La más ruda batalla

Y es preciso al combate
Llevar dispuesta el alma.

En el social concierto
El mundo te depara
Un lugar como a todos,
Una misión sagrada.

De ti, joven, esperan:
La humanidad, la patria,
Espera tu familia,
Y del bien la gran causa.

¡Al estudio, al trabajo
Con sublime constancia!
¡Del porvenir hermoso
A conquistar las palmas!

EL MAMBORETÁ Y LA HORMIGA

Por Ramón Melgar

En místico arrobamiento
un mamboretá se hallaba,
quien largas horas pasaba
contemplando el firmamento.
Sin hacer nada en el día
vivía aquel solitario,
en actitud de anticuario
en muda filosofía.
Luchando con una miga
de un tamaño regular,
por allí quiso pasar
una laboriosa hormiga.
Y sin querer tropezó
en el místico ermitaño,

y, aunque ella no le hizo daño,
cumplida se disculpó.
—¡Torpe! —prorrumpió enfadado
el mamboretá iracundo—,
jamás a nadie en el mundo
a mi paso he incomodado.
— Y la hormiga al temerario
dijo, oyendo sus sandeces:
—Quien trabaja, puede a veces
causar daño involuntario.
El que haga vida de ocioso
a nadie molestará
pero su virtud será
de un ejemplo pernicioso.

VOZ DEL AGUA

Enrique de Mesa

Era pura nieve
y los soles me hicieron cristal.
Bebe, niña, bebe
la clara pureza de mi manantial.

Canté entre los pinos
al bajar desde el blanco nevero;
crucé los caminos,
di armonía y frescura al sendero.

No temas que, aleve,
finja engaños mi voz de cristal.
Bebe, niña, bebe
la clara pureza de mi manantial.

Allá, cuando el frío,
mi blancura las cumbres entoca,

luego, en el estío,
voy cantando a morir en tu boca.

Tan sólo soy nieve;
no me enturbian ponzoña ni mal.
Bebe, niña, bebe
la clara pureza de mi manantial.

PLANTANDO EL ÁRBOL

Gabriela Mistral

Abramos la dulce tierra
con amor, con mucho amor;
es éste un acto que encierra,
de misterios el mayor.

Cantemos mientras el tallo
toca el seno maternal.
Bautismo de luz da un rayo
al cono piramidal.

Le entregaremos ahora
a la buena Agua y a vos,
noble Sol; a vos, señora
Tierra, y al buen Padre Dios.

El Señor le hará tan bueno
como un buen hombre o mejor:
en la tempestad sereno,
y en toda hora, amparador.

Te dejo en pie. Ya eres mío,
y te juro protección
contra el hacha, contra el frío
y el insecto, y el turbión.

A tu vida me consagro;
descansarás en mi amor.
¿Qué haré que valga el milagro
de tu fruto y de tu flor?

PROMESA A LAS ESTRELLAS

Gabriela Mistral

Ojitos de las estrellas
abiertos en un oscuro
terciopelo: desde lo alto,
¿me veis puro?

Ojitos de las estrellas,
prendidos en el sereno
cielo, decid: desde arriba,
¿me halláis bueno?

Ojitos de las estrellas,
de pestañita dorada,
os diré; ¡tenéis muy suave
la mirada!

Ojitos de las estrellas,
de pestañitas inquietas,
¿por qué sois azules, rojos
y violetas?

Ojitos de la pupila
curiosa y trasnochadora,
¿por qué os borra con sus rosas
la aurora?

Ojitos, salpicaduras
de lágrimas o rocío,

cuando tembláis allá arriba,
¿es de frío?

Ojitos de las estrellas,
postrado en la tierra os juro
que me habéis de mirar siempre,
siempre puro.

DOÑA PRIMAVERA

Gabriela Mistral

Doña Primavera
viste que es primor
de blanco, tal como
limonero en flor.

Lleva por sandalias
unas anchas hojas,
y por caravanas
unas fucsias rojas.

Salid a encontrarla
por esos caminos.
¡Va loca de soles
y loca de trinos!

Doña Primavera,
de aliento fecundo,
se ríe de todas
las penas del mundo...

No cree al que le hable
de las vidas ruines.
¿Cómo va a entenderlas
entre sus jazmines?

De la tierra enferma
en las hondas grietas,
enciende rosales
de rojas piruetas

Pone sus encajes,
prende sus verduras
en la piedra triste
de las sepulturas...

Doña Primavera,
de manos gloriosas,
haz que por la vida
derramemos rosas:

rosas de alegría,
rosas de perdón,
rosas de cariño
y de abnegación.

PIECECITOS

Gabriela Mistral

Piececitos de niño
azulosos de frío,
¡Cómo os ven y no os cubren,
Dios mío!

¡Piececitos heridos
por los guijarros todos,
ultrajados de nieves
y lobos!

El hombre, ciego, ignora
que allí donde os posáis,

una flor de luz viva
dejáis;

que allí donde ponéis
la plantita sangrante,
el nardo nace más
fragante.

Vosotros que marcháis
por los caminos rectos,
sed puros, como sois
perfectos.

Piececitos de niño,
dos joyitas sufrientes,
¿cómo pasan sin veros
las gentes?

EL RUEGO DEL LIBRO

Gabriela Mistral

He aquí, niña mía,
he aquí que cada día
que me han hecho tu amigo;
conversarás conmigo.

Ponme una ropa oscura,
la ropa de labor;
trátame con dulzura,
cual si fuera una flor.

No me eches manchas sobre
la nieve del semblante;
no pienses que recobre
su lámina brillante.

Gozarás, cuando veas
qué hermoso me conservo.
Sufrirás, si me afeas,
del daño de tu siervo.

Verás, cuando oigas
locas historias infantiles,
qué charladoras bocas
son mis hojas sutiles.

Mi saber es liviano
mi saber no es profundo.
Niña, me das la mano
y yo te muestro el mundo.

Yo te presento un hada
y te charlo del sol,
de la rosa encarnada,
prima del arrebol;

de la patria gloriosa
de las almas de luz,
de la vida armoniosa
del maestro Jesús.

Mis hojitas nevadas
piden sólo un favor:
de tus manos rosadas
un poquito de amor.

UN HOMBRE FELIZ

Tirso de Molina

Decid al príncipe, señor,
Que si supiera el contento
Que mi grosero sustento
Y traje de labrador
Me causó siempre, y lo poco
En que estimo los blasones,
Noblezas y pretensiones
Que llama honra el vulgo loco,
Yo quedara disculpado
Y tuviera su grandeza
Más envidia a mi pobreza
Que yo a su soberbio estado;
Que no el tener cofres llenos
La riqueza en pie mantiene;
Que no es rico el que más tiene
Sino el que ha menester menos.

LLUVIA

Ernesto Morales

Cae la lluvia, y hacendosamente,
limpia la blanca faz de las casitas.
Cae la lluvia, y lustra y dora el riente
campo de tréboles y de margaritas.
Cae la lluvia, y sobre los cristales
ensaya ritornelos musicales.
Cae la lluvia, y el pueblillo, a modo
de un nido, en sus follajes tiembla todo.
Cae la lluvia, y yo también tirito:
¡Si no soy más que un árbol del pueblito!

LA GOTA DE AGUA

Luis Alberto Murray

¡Qué gota de agua ésta,
tan humilde, tan buena!

Es un diamante
y no lo sabe.

Es una perla
y le daría vergüenza
que alguien se lo dijera.

Pero se pone ufana
si oye que la comparan
a una lágrima.

LECCIÓN

Manuel Muzquiz Blanco

Muchachita que rompiste
Tu muñeca de cartón,
Y estás triste
Porque en su pecho no viste
Corazón

Porque al darla sobre el suelo
Los ojos color de cielo
Y el coral
De la boca que besaste,
Te encontraste
Que eran de arcilla y cristal.

Sírvate este desencanto
Y el amargor de tu llanto
De lección,
Y no busques, en las cosas
Que te den horas dichosas,
Corazón.

Mira que tal es la vida,
Que siempre, por nuestro mal,
Nuestra ilusión más querida
Cual tu muñeca perdida
Suele ser barro y cristal.

EL GRILLO

Conrado Nalé Roxlo

Música porque sí, música vana,
como la vana música del grillo,
mi corazón eglógico y sencillo
se ha despertado grillo esta mañana.
¿Es este cielo azul de porcelana?
¿Es una copa de oro el espinillo?
¿O es que en mi nueva condición de grillo
veo todo a lo grillo esta mañana?
¡Qué bien suena la flauta de la rana!...
Pero no es son de flauta: es un platillo
de vibrante cristal que a dos desgrana
gotas de agua sonora. —¡Qué sencillo
es a quien tiene corazón de grillo
interpretar la vida esta mañana!

BALADA DE DOÑA RATA

Conrado Nalé Roxlo

Doña Rata salió de paseo
por los prados que esmalta el estío,
son sus ojos tan viejos,
tan viejos, que no puede encontrar el camino.

Demandóle a una flor de los campos:
"Guíame hasta el lugar en que vivo".
Mas la flor no podía guiarla
con los pies en la tierra cautivos.

Sola va por los campos, perdida
ya la noche la envuelve en su frío,
ya se moja su traje de lana
con las gotas del fresco rocío.

A las ranas que halló en una charca doña Rata
pregunta el camino,
mas las ranas no saben que exista
nada más que su canto y su limo,

A buscarla salieron los gnomos
—que los gnomos son buenos amigos—:
en la mano luciérnagas llevan
para ver en la noche el camino.

Doña Rata regresa trotando
entre luces y barbas de lino.
¡Qué feliz dormirá cuando llegue
a las pajas doradas del nido!

LA GATITA MUERTA

Amado Nervo

¿Por qué tan triste la muchachita?
¿Por qué los goces del juego evita?
¿Por qué se oculta, y en un rincón,
el más sombrío de estancia aislada
llora solita y acurrucada,
como paloma sin su pichón?

¿Perdió su *rorro* grande, que dice
papá? ¿La ausencia de Berenice,
su dulce amiga, le causa afán?
¿Sufrió el regaño de adusta abuela,
o sufre acaso porque a la escuela
mañana mismo la llevarán?

¡Ah! Es que ha muerto su hermosa gata,
cuyo bigote, púas de plata,
cien y cien veces acarició;
la de albo pelo, mayar sonoro,
ojos muy verdes, veteados de oro,
la *remonona* que tanto amó.

Por eso pena la muchachita,
por eso el goce del juego evita,
odia el bullicio, y en un rincón,
el más sombrío de estancia aislada,
llora solita y acurrucada,
como paloma sin su pichón.

LA CAMPANITA

Amado Nervo

Alegre como una alondra madrugadora,
locuela como pluma que viene y va,
yo soy la campanita que da la hora:
¡Din-dan! ... ¡Din-dan! ...

Yo soy la que te digo: "Niño, descansa;
mi toque de oraciones te arrullará".
Yo soy la que en las fiestas repica a vuelo:
¡Din-dan! ... ¡Din dan! ...

Yo soy la que te digo: "Niño, despierta;
despierta, que los libros te aguardan ya;
el sol de la mañana dora tu puerta".
¡Din-dan! ... ¡Din-dan! ...

Suspensa entre la tierra y el infinito,
yo sueño toda dicha, todo pesar;
yo soy quien a las almas a orar invito.
¡Din-dan! ... ¡Din-dan! ...

AMOR FILIAL

Amado Nervo

Yo adoro a mi madre querida,
yo adoro a mi padre también;
ninguno me quiere en la vida
como ellos me saben querer.

Si duermo, ellos velan mi sueño;
si lloro, están tristes los dos;

si río, su rostro es risueño;
mi risa es para ellos el sol.

Me enseñan los dos con inmensa
ternura a ser bueno y feliz.
Mi padre por mí lucha y piensa:
mi madre ora siempre por mí.

Yo adoro a mi madre querida,
yo adoro a mi padre también;
ninguno me quiere en la vida
como ellos me saben querer.

BUEN VIAJE

Amado Nervo

Con la mitad de un periódico
hice un buque de papel,
y en la fuente de mi casa
va navegando muy bien.

Mi hermana con su abanico
sopla que sopla sobre él.
¡Muy buen viaje! ¡Muy buen viaje!,
buquecito de papel.

SOLIDARIDAD

Amado Nervo

Alondra, ¡vamos a cantar!
Cascada, ¡vamos a saltar!
Riachuelo, ¡vamos a correr!
Diamante, ¡vamos a brillar!
Águila, ¡vamos a volar!
Aurora, ¡vamos a nacer!
     ¡A cantar!
     ¡A saltar!
     ¡A correr!
     ¡A brillar
     ¡A volar!
     ¡A nacer!

TRABAJAR ES ORAR

Gaspar Núñez de Arce

¡Nadie en estéril ocio se consuma!
Para que fructifique la simiente,
abramos con la reja y con la pluma
los surcos de la tierra y de la mente;
pues cuando a la labor que nos señala
hora por hora el cielo damos cima
subimos un peldaño de la escala
que a la ciudad de Dios nos aproxima.
Y si del pedernal que es infecundo
saca el golpe la luz, ¿no alcanzaremos
con esfuerzos constantes y supremos
la prometida redención del mundo?
Todo trabajo es oración. Oremos.

LA CONCIENCIA

Gaspar Núñez de Arce

¡Conciencia, nunca dormida,
Mudo y pertinaz testigo
Que no dejas sin castigo
Ningún crimen en la vida!
¡La ley calla, el mundo olvida!
Mas ¿quién sacude tu yugo?
Al Sumo Hacedor le plugo
Que a solas con el pecado
Fueras tú para el culpado
Delator, juez y verdugo.

EJERCICIOS

Pedro Miguel Obligado

Una vecina toca
ejercicios de piano.
Toda mi infancia evoca
su vacilante mano.
Y llueve: do, re, mi...
¡Qué ganas de llorar!
No es nada... sol, la, si...
Y vuelve a comenzar...
Alguien riega una planta,
el día claro brilla,
y un canarito canta:
Es la vida sencilla.
Y llueve: do, re, mi...

¡Qué ganas de llorar!
No es nada... sol, la, si...
¡Y vuelve a comenzar!...

No hay razón para esta
tristeza, húmeda en llanto:
la monótona siesta
da un monótono canto.
No es nada...; ¡pero es tanto...!

CANCIÓN INFANTIL

Rafael Obligado

Es la mañana: lirios y rosas
mueve la brisa primaveral
y en los jardines las mariposas
vuelan y pasan, vienen y van.

Una niñita madrugadora
va a juntar flores para mamá,
y es tan hermosa que hasta la aurora
vierte sobre ella más claridad.

Tras cada mata de clavellina,
de pensamientos y de arrayán,
gira su traje de muselina,
su sombrerito, su delantal.

Llena sus manos de lindas flores,
y cuando en ellas no caben más,
con su tesoro de mil colores
vuelve a los brazos de su mamá.

Mientras se aleja, como dos rosas
sus dos mejillas se ven brillar,
y la persiguen las mariposas
que en los jardines vienen y van.

EL PAMPERO

Rafael Obligado

Hijo audaz de la llanura
y guardián de nuestro cielo,
que arrebatas en tu vuelo
cuanto empaña su hermosura.
¡Ven y vierte tu frescura
de mi patria en el ambiente!
¡Ven, y enérgico y valiente.
bate el polvo en mi camino,
que hasta soy más argentino
cuando me azotas la frente!

EL ALMA DEL PAYADOR

Rafael Obligado

Cuando la tarde se inclina
sollozando al occidente,
corre una sombra doliente
sobre la pampa argentina.
Y cuando el sol ilumina
con luz brillante y serena,
del ancho campo la escena,
la melancólica sombra
huye besando su alfombra
con el afán de la pena.
Cuentan los criollos del suelo
que, en tibia noche de luna,
en solitaria laguna
para la sombra su vuelo;
que allí se ensancha y un velo
va sobre el agua formando,
mientras se goza escuchando

por singular beneficio,
el incesante bullicio
que hacen las olas rodando.
Dicen que, en noche nublada,
si su guitarra algún mozo
en el crucero del pozo
deja de intento colgada,
llega la sombra callada.
y, al envolverla en su manto,
suena el preludio de un canto
entre las cuerdas dormidas,
cuerdas que vibran heridas
como por gotas de llanto.

LA JURA DE LA BANDERA

Rafael Obligado

En la profunda quebrada
Al pie del cerro vecino,
Suena el clarín argentino
Tocando inmensa llamada.
Sereno el pecho, la espada
A mal guardar, la visera
Alta en la frente guerrera,
Marcial y firme la planta,
Manuel Belgrano levanta
Con mucha fe su bandera.

Al gran clamor obedientes
Van los dispersos llegando.
Unos, bravíos, alzando
Las armas resplandecientes;
Aquéllos, mustios, dolientes;
Llenos de afán y sonrojos;
Otros, más que hombres, despojos

Que, arrastrando su desmayo
En la bandera de Mayo
Ponen el alma y los ojos.

LA NIÑA MEZQUINA

A. Ochagavía

Cuando los doce cumplió
era Inés vivaz, hermosa,
y a decidora y graciosa
otra jamás la ganó.

En su colegio brillaba,
con prontitud aprendía;
pero un defecto tenía,
que su valer amenguaba.

Todo lo ajeno quería:
plumas, papel, lapiceras,
anotadores, tijeras,
pero lo suyo escondía.

Tan afanosa en pedir
como difícil en dar,
no pudo amigas hallar
para jugar y reír.

Pues al ver su mezquindad
las demás niñas volaban
de su lado y la dejaban
en la mayor soledad.

En tal error loco y necio,
a ser mujer ha llegado

sin haber nunca probado
el gran placer del aprecio.

Hoy, en su triste retiro,
viendo que otras se divierten,
sus ojos lágrimas vierten
entre suspiro y suspiro.

En su avaricia encerrada
la mezquindad vivirá
y en el mundo no hallará
amistad, amor, ni nada.

TRES RECETAS

Manuel Ossorio y Bernard

Para no ser borrachos
no hay más receta
que examinar en otros
la borrachera.

Para ser generosos
sin gran esfuerzo,
meditad lo que sufren
los avarientos.

Y para hacer menores
nuestros quebrantos,
presenciar los ajenos
y consolarlos.

Tengo como infalibles
estas recetas
que escribió la doctora
doña experiencia.

LA CALUMNIA

Manuel Ossorio y Bernard

Complacerse en escuchar
lo que a otro puede ofender
repetir, aun sin querer,
lo que pueda mancillar,
es algo más que imprudencia,
es complicidad notoria
en la bien ingrata gloria
de que sufra la inocencia.
La calumnia, arma traidora
que tantas víctimas hace,
como leve rumor nace
y se repite a la hora,
murmullo grave levanta
que ya lastima el oído
luego, es vendaval crecido,
nube cuya vista espanta,
y al fin la tormenta cierra,
y ruge con loco afán el desatado huracán
que con el honor da en tierra.

MAÑANA ES NUNCA

Manuel Ossorio y Bernard

No se debe dejar para mañana
lo que hoy se puede hacer, pues la pereza
por ser amiga empieza
después de ser amiga es ya tirana;
causa luego gravísimo perjuicio, y por último es vicio
que roba el bienestar, mata la calma
y nos desgarra sin piedad el alma.
La actividad, en cambio, es el escudo

mejor de la virtud; es fuerte nudo
con que la vemos a la dicha unida
y a la salud, encantados de la vida.

ANTE EL FUEGO

Luis de Oteyza

En el hogar campestre el tronco ardiendo clama
el canto melancólico de su verdor perdido
y el filósofo gato mira, medio dormido,
una llama que corre persiguiendo a otra llama.

El candil ilumina con pálidos destellos
del grupo en que se narra un cuento con voz leve
como un suspiro, el rostro coronado de nieve
y las caras de rosa que orlan rubios cabellos.

El viento, fuera, gime los vidrios golpeando;
se oye el aullar del perro. Medroso escalofrío
sienten los niños presas de terrible congoja.

Mudos de espanto escuchan. Y la voz ahuecando
la vieja abuela dice: "En el bosque sombrío
se encuentra con el lobo *Caperucita Roja...*"

EL GORRIÓN

Teodoro Palacios

Se posa todos los días
frente a mi escuela un gorrión;
nadie sabe que es mi amigo,
lo sabemos Dios y yo.

Cuando me siento en la banca,
para estudiar la lección,
mueve el piquito y me dice
con su metálica voz:

"No estudies, zonzo, ¿no ves
cómo vivo y como yo?
Nunca faltan por el mundo
migajas de compasión".

Hoy llegó la primavera
y el maestro nos mandó
que verse sobre "El trabajo"
la humilde composición.

Estaba desalentado
y sin ánimo y valor
para el trabajo, y he visto
a mi amiguito el gorrión.

En el cono de su pico
llevaba con mucho amor
plumas, hilillos y pajas
que por el campo encontró.

Y agitándolas al aire,
como un glorioso pendón,
me ha dicho: "Amigo, trabaja,
que también trabajo yo".

MI CABALLO

Teodoro Palacios

Yo tengo un caballo
veloz y ligero,
que corre lo mismo
que vuela el pampero.

Jamás tuve amigo
tan noble y tan franco;
sus lomos me ofrece
cual mullido banco.

Y al cruzar mis pagos
sobre sus espaldas,
se tornan sus pliegues
manto de esmeraldas.

Caballito mío,
noble compañero,
porque te conozco,
por eso te quiero.

LOS ÁRBOLES

Teodoro Palacios

Elevan sus ramas
a los mismos cielos
y traen al mundo
lluvias de consuelos.

En su selva umbría
de follaje verde

anidan las aves
y el sol su ardor pierde.

Nos prestan sus hojas
rumor placentero,
y en sus fuertes muros
se estrella el pampero.

Sus ramas son alas
de mansos querubes,
besan las estrellas,
juegan con las nubes.

Vigilan los ranchos,
cubren su techumbre
y en el crudo invierno
sus troncos dan lumbre.

Árboles sencillos
que tocáis el cielo,
sed nuestra delicia,
sed nuestro consuelo.

MI MAMITA

Teodoro Palacios

Mi casa es un cielo
de dicha y de paz,
no hay ángel tan bueno
como mi mamá.

"Arriba, paloma mía,
mi cielo, mi sol, mi reina",
me dice en las mañanitas,
y ella me viste y me peina.

Sale al umbral de la puerta,
me da sus santos consejos,
y no me pierden sus ojos
hasta que me ven muy lejos.

Cuando vuelvo de la escuela,
sumida está en sus quehaceres,
me da unos cuantos besitos
y me mira los deberes.

Tiende los blancos manteles
y a su lado me hace estar,
me da los postres mejores,
porque a mí me quiere más.

Mi casa es un cielo
de dicha y de paz
no hay ángel tan bueno
como mi mamá.

EL TRABAJO

Teodoro Palacios

Sobre un duro pedernal
un muchacho golpeó,
y a los golpes del martillo
luz de la piedra saltó.

El cerebro de los niños
es un duro pedernal,
y el martillo es el trabajo;
¡niños, pues a trabajar!...

EL GATO

Teodoro Palacios

No hay como el gato
de mi casita,
¡vaya unos ojos,
y una colita!

Cuando estoy triste
mira y me llama
y de un saltito
sube a mi cama.

Besa mi cara,
lame mis cejas,
y un runrún manso
da a mis orejas.

Cuando oye ruidos
por los rincones,
es el Herodes
de los ratones.

Lee en mi libro,
come en mi plato,
no me abandona
ni un solo rato.

No hay como el gato
de mi casita,
¡vaya unos ojos
y una colita!

MI LANCHA

Teodoro Palacios

Lanchita que vas flotando
sobre las ondas del río,
boga, boga hasta que llegues
donde me espera el bien mío.

Islas bordadas de flores
van quedando a nuestra espalda,
y al acercarse a las costas
el río es mar de esmeralda.

Boga, lanchita querida,
a los golpes de los remos,
que en un rincón de la orilla
felices descansaremos.

Mi madre me está esperando
allá en la blanca casita;
mira cómo está llamando
y cómo el pañuelo agita.

Boga, boga sin cesar,
lancha mía, avanza, avanza,
que están mirando dos ojos
que son faros de esperanza.

MI CANARIO

Teodoro Palacios

Tengo un canario
que es un tesoro,
su pico es nácar,
sus plumas oro.

Cuando en la jaula
mueve sus alas,
no hay sol que alumbre
como sus galas.

A mis llamados
no se resiste,
le doy lechuga,
le pongo alpiste;

y él, que me quiere
como un hermano,
canta y se posa
sobre mi mano.

Sus cantos vierten
luz y armonía
y es de la casa
sol y alegría.

Tengo un canario
que es un tesoro,
su pico es nácar,
sus plumas oro.

MI ABUELITA

Teodoro Palacios

Sentada se pasa
horas y horas y horas,
no molesta a nadie
y es una reliquia que guarda mi casa.

Tiene los cabellos
blancos cual la nieve,
mi mano a tocarlos
casi no se atreve.

Me cuenta leyendas
de tiempos pasados,
y dice que entonces eran los niñitos
mucho más juiciosos
y muy aplicados.

Yo la quiero mucho,
¡pues me quiere tanto!,
y este ramillete de fragantes flores
es para abuelita,
porque hoy es su santo.

MI PATRIA

Teodoro Palacios

Ella fue mi madre
y ella fue mi cuna,
yo tengo una patria
bella cual ninguna.

Son tantas sus gracias
y sus atavíos,
que para ceñirla,
son mares, son ríos.

Reclina sus sienes
sobre las montañas,
arcas de sus glorias
y de sus hazañas.

Madre cariñosa,
no guarda rencores,
tiene una bandera
tejida con flores.

Patria idolatrada,
bella cual ninguna,
tú serás mi tumba,
pues fuiste mi cuna.

LA GRAN NOTICIA

Ricardo Palma

A un viejo que pasaba por la calle,
una niña bonita
y de arrogante talle
detuvo del faldón de la levita,
diciéndole: —Señor, por vida suya,
quiero que usted me instruya
nuevas que aquí me participa
una tía que tengo en Arequipa.
— Y, sin más requilorio,
una carta pasóle al vejestorio.

Cabalgó el buen señor sobre sus ojos
un grave par de anteojos:
el sobre contempló, rompió la oblea
la arenilla quitó de los borrones,
examinó la firma, linda o fea,
y se extasió media hora en los renglones.

Ya de aguardar cansada,
—¿qué me dicen, señor? —dijo la bella.
Y el viejo echó a llorar diciendo: —¡Nada!
Has nacido, mi bien, con mala estrella.

—Asustada la joven del exceso
de llanto del anciano,
le preguntó: —¿Quizá murió mi hermano?
— El viejo respondióla: —¡Ay!, es peor que eso.
—¿Está enferma mi madre? —Todavía
es peor cosa, hija mía.
No puedes resistir esta desgracia...
Yo, viejo y todo, me volviera loco.
—¿Qué ha sucedido, pues, por Santa Engracia?
—¡Qué tú no sabes leer... ni yo tampoco!

SARMIENTO

Delio Panizza

Majestuoso y soberbio y arrogante
como las cordilleras de su suelo,
capaz como ellas de cubrir su cielo
con su egregia apostura de gigante.

No llenaba su ser, no era bastante
tender como los cóndores el vuelo
y poder ir en busca de su anhelo
siempre de cara al sol... ¡siempre adelante!

¡Necesitaba más...! Su contextura
fue moldeada en homérica armadura...
¡que él también era de la raza homérica!

¡Y así, bregando en prometeana gesta,
alzó el fanal augusto de su testa
sobre todas las cumbres de la América!

CONCIERTO

Ismael Parraguez

"¡Mu!", la dócil vaca muge,
y lo mismo el manso buey;
rebuzna el paciente burro,
y la oveja bala, "¡be!...".

Brama el toro corpulento,
y ladra el perro: "¡guau, guau!".
Relincha el potro impaciente,
y el gato maúlla: "¡miau!".

Pía el pollo: "pío, pío",
y el chancho gruñe: "o, o, o".
"¡Quiquiriquí!" canta el gallo,
y la gallina: "clo, clo...".

El pato castañetea
diciendo: "tué, tué, tué",
y el ganso casero grazna,
y el bello cisne, también.

"¡Arrú!", la paloma arrulla,
y gime la tortolita;
trinan las aves cantoras,
los loros hablan y gritan.

Chillan monos y chicharras,
la abeja zumba al volar
y éste es, ¡oh, niño!, el concierto
que forma el reino animal.

LOS TRES OCHOS

Ismael Parraguez

Ocho serán tus horas de trabajo;
activo en ellas sin cesar serás,
cual si para cumplir la obra empezada
tiempo no hubieras de tener jamás.

Cumplida la labor a ciencia cierta,
ocho serán tus horas de expansión,
alegres en la mesa bulliciosa,
y en el paseo como en el salón.

Ocho serán tus horas de reposo
nunca de menos ni tampoco más;
así tus días serán siempre bellos
y una vejez dichosa lograrás.

AMOR FRATERNAL

Pilar Pascual de Sanjuán

¡Oh, feliz la que siente el consuelo
que derrama el cariño de hermano!
¡Es tan dulce en el áspero suelo
estrechar en la nuestra una mano.

Contemplar el semblante inocente
del que duerme al arrullo materno,
e imprimir en su angélica frente
nuestro beso de amor, dulce y tierno.

Escuchar este nombre de "hermana",
que tan grato resuena al oído,

que disipa la angustia tirana,
que mitiga el doliente gemido.

El decir: sangre tuya es la mía,
nuestro ser al ser mismo debemos,
y una mano en el mundo nos guía
y el amor de una madre tenemos.

A LAS NIÑAS

Pilar Pascual de Sanjuán

¡Oh, flores que un día
doquier brillaréis;
preciosos capullos
nacidos ayer,
que en medio del fango
del mundo cruel,
su ornato más bello
vinisteis a ser!
Vosotras que todo
lo veis al través
del diáfano velo
de cándida fe:
¿queréis, adquiriendo
virtud y saber,
lograr contra el vicio
luciente broquel?
Venid a la escuela,
venid y aprended.

MADRE E HIJA

Roberto Payró

—¿Te llamas la Argentina?
   —La Argentina.
—¿Cuál es el nombre de tu madre?
   —¡Gloria!
—¿Tu raza fue?
   —Mi raza fue divina.
—¿Quién te lo reveló?
   —La Musa Historia.
—¿Fue una raza muy noble?
   —Una corona
   de reyes, un castillo con almenas.
—¿ Y era buena tu madre?
   —Sí, lo abona
   el que todas madres son muy buenas...
—¿De mí, qué piensas?
   —Que esa faz altiva,
   esa noble apostura
   no admiten del amor la negativa.
—¿Me quieres, pues?
   —Te quiero con locura.
   Mas, ¿quién eres, señora, que en mi pecho
   formas para el amor caliente nido?
   ¿Quién eres, ¡oh!, señora, tú que has hecho
   que se despierte el corazón dormido?
   —Yo... yo fui reina del inmenso mundo,
   potente soberana por doquiera,
   y el fulgurante sol, siempre errabundo
   ha alumbrado perenne mi bandera.
   Yo soy aquella que a la Europa toda
   dictó su voluntad, marcó su sino.
   Yo... soy la madre de la raza goda
   que sujeto la rueda del destino.
   Yo soy aquella que ensanchó del mundo
   el límite ruin, con noble alarde.

Yo soy la madre que en mi amor confundo
a Cervantes, a Lope y a Velarde.
Yo soy aquella que venció del hado
con firmeza y valor la ruda saña.
Soy la mujer sublime que ha marcado
derroteros al mundo... ¡Soy España!
—Mil y mil veces escuché tu nombre;
también brilla en mi frente tu aureola;
y aunque soy la Argentina, no te asombre,
tú eres España y yo... soy española.
—¡Española! En mis venas, como fuego, corre
la sangre del valor emblema.
¡Española! Cual tú no me doblego.
¿Quién, teniendo tu sangre, habrá que tema?
—Una hija tuve yo, que de mi lado
quiso apartarse. Ya tu edad tendría.
¡Hoy estará tan bella! La he soñado
soberana del orbe... ¡Es hija mía!
—Se separó, ¿por qué? —Ya lo he sabido.
Por Dios sólo a una madre se abandona.
—¿Lo hizo así? ¿Fue por Dios? —Siempre lo ha
                                              [sido
la noble libertad y eso la abona.
—A esa historia parécese mi historia.
Amo a mi madre y tuve que dejarla.
¡Quien a su madre deja por la gloria,
si más la aflige, es para más honrarla!
¿Lo hiciste?
—El año diez. —Cuando afanosa
busqué la libertad, tú la buscabas.
Cuando, muriendo, triste y dolorosa,
la hallé, Argentina, tú también la hallabas.
Mi hija predilecta, en aquel año
logró también su libertad querida.
—Si no temiera un nuevo desengaño,
prometiera a tu amor tu hija perdida.
—Reclinada en las márgenes de un río,
sobre el césped menudo de la orilla,
la que naciera de este seno mío,

como una diosa resplandece y brilla.
—Junto a un río de plata, murmurante,
también habito yo. Mi reino llega
desde la Pampa inmensa hasta el Atlante,
desde el Andes al mar, que ruge o ruega.
En la espesura de los bosques míos
todo es hermoso, pájaros y flores;
cual bruñido cristal lucen mis ríos;
mi cielo es fuente perennal de amores.
—La hija mía que adoro y es ingrata,
supo vencer a usurpador artero.
—Junto a la margen del tranquilo Plata,
vencido mordió el polvo el extranjero.
—¡Oh, conozco tu orgullo! ¡Estrecho lazo
a las dos unirá desde este día!
¡Tu madre soy! ¡Abraza cual te abrazo,
hija del alma! —¡Amada madre mía!
Y la matrona y la gentil doncella,
en mutuo y dulce amor el alma fija,
santas las dos, las dos a cuál más bella,
preséntanse ante el mundo Madre e Hija.

HERMANO VIENTO

José Pedroni

Trepado en el pino derecho y oscuro
que tiene mi tiempo
—lo plantó en la puerta cuando viene al mundo
mi abuelo, ya muerto—,
tu vieja palabra jamás entendida
me silbas, ¡oh viento!

Parado el molino, sin agua en la acequia,
con el río lejos,
siete días largos con sus siete noches

te esperé en silencio
—de día, rondando mi casa empolvada;
de noche, despierto—;
y llegas del este con las alas frescas
cuando todo el campo se ponía viejo...
¡Oh, hermano errabundo, oh, hermano, que siempre
me llegas a tiempo!
Así como el ave que por las migajas
de mi pan moreno
baja un día y otro de ese mismo pino
sin ningún recelo,
bájate, mi amigo, rasguña mi puerta,
ábrela sin miedo
—que en puerta de pobre siempre está caída
la llave en el suelo—,
y aventando toda mi papelería,
quédate jugando con mi libro abierto.

Viento, fuerte amigo, que no viendo nada
—siempre fuiste ciego—,
mueves sin cansarte mi molino torpe
y el de mi vecino, que es liviano y nuevo;
viento, fuerte amigo, que en un día pasas
polvoroso y recio,
y en un día vuelves por la misma calle
con olor de riego;
viento, fuerte amigo, que nos das el agua
y que, al mismo tiempo,
silbas en las redes, gruñes en las puertas,
zumbas en los huecos,
juegas con el humo sobre los tejados,
soplas en los fuegos,
y las nubes llevas y las nubes traes
para que encantado las contemple el pueblo...

¡Oh, amigo, algún día, de tanto escucharte,
sabré tu secreto!
—el que desde niño me vienes contando

y que yo no entiendo—.
¡Oh, hermano, algún día sabré la palabra,
y entonces, sin cuerpo,
rodando villajes, moviendo molinos,
cruzando desiertos,
con el nombre humilde que quieran ponerme,
seré un viento fresco.

LAS FLORES

Juan de Dios Peza

¿Hay algo en esta vida,
Toda dolores,
Más tierno que los niños
Y que las flores?
¿Hay símbolo más dulce,
Más elocuente
Que diga lo que el alma
Callando siente?
Mirad... Cierran el campo
Los horizontes,
Sus murallas azules
Los altos montes;
En sus cimas se posa
La blanca nube
Que del tranquilo lago
Ligera sube.
El sol quiebra sus rayos
En la cascada,
Y los vientos suspiran
En la enramada.
Sobre el enhiesto roble,
Tosco y severo,
Entre las verdes hojas,
Canta el jilguero.

La parvada de tordos
Rauda se aleja,
Y en los lirios azules
Zumba la abeja.
Luce el granado flores
Como escarlata,
Las azucenas fingen
Copas de plata;
Y en naranjos que mecen
Doradas pomas,
Cantoras de la tarde
Son las palomas.
Al son de los arroyos
Murmuradores
Se duelen y se plañen
Los ruiseñores.
Y en los alegres prados
Y en las colinas,
¡Qué alegres van y vuelven
Las golondrinas!
¡Cómo brillan los rayos
Del sol fecundo!
¡Qué jardín tan risueño
Parece el mundo!
Es porque está de gala
Natura entera,
Es porque está reinando
La Primavera,
Y no hay en esta vida,
Toda dolores,
Nada tan expresivo
Como las flores.

AMIGOS Y LIBROS

Juan de Dios Peza

Elige, ¡oh Juan!, un amigo
Franco, sincero y honrado,
Que cuando estés a su lado
No extrañes no estar conmigo.

Un joven que imite a un viejo
En lo juicioso y prudente,
Que te conforte y aliente
Siempre que te dé un consejo.

Que se interese en tu bien,
Que censure tus errores,
Y en tus dichas y dolores
Se alegre o sufra también.

Que nunca te incline al mal,
Que no te engañe ni adule,
Y te aplauda o te estimule
Con desinterés igual.

No un farsante, un caballero
Por hechos, no por blasones;
Que sea en todas tus acciones,
No un cómplice, un compañero.

Que puedas darle tu mano
Sin temor de que la manche;
Un ser que el alma te ensanche
Cuando le llames hermano.

No le canse tu exigencia,
Ni tu carácter le hostigue,
Piensa bien cuánto consigue
La mutua condescendencia.

Que no ostente falsas galas,
Que no oculte la verdad,
Y sepa que la amistad
Es sólo el amor sin alas.

¡Oh, mi Juan!, yo te lo digo.
Por este mundo al cruzar:
Es muy difícil hallar
Este tesoro, un amigo.

Y es tan grave su elección
Que te lo puedo decir,
Compromete al porvenir,
Compromete al corazón.

Y tanto influye en la suerte
Del necio que se descuida,
Que un buen amigo es la vida
Y un mal amigo la muerte.

Como tu dicha es mi afán,
No busques falsos testigos,
Tus libros y tus amigos
Preséntamelos, mi Juan.

EL NIDO

Juan de Dios Peza

Mira el árbol que a los cielos
sus ramas eleva erguido;
en ellas columpia un nido
en que duermen tres polluelos.

Son hijos de un ruiseñor
que en la tarde sosegada,

en la noche, en la alborada,
les canta endechas de amor.

Ellos forman su tesoro,
y en el ramaje sombrío
responde a su pío, pío,
cual diciendo: —Los adoro.

Quien los ve se maravilla;
aire y luz le da el espacio,
y viven en un palacio
de esparto, plumón y arcilla.

Un rapazuelo atrevido,
destructor, inquieto y malo,
ató una escarpia en un palo
para derribar el nido.

Ya la alzaba con sus manos
cuando, enternecido pecho,
le gritó: —Piensa en el lecho
en que duermen tus hermanos.

Piénsalo un instante y dí:
¿qué hiciera yo, qué esperara,
Si un ladrón así matara
a tus hermanos y a ti?

Volvió el rostro con enojos
y halló a su madre el rapaz
que, con tristeza en la faz
y un mar de llanto en los ojos,

—Deja tales desvaríos
—le dice—; los seres buenos
cuidan los hijos ajenos
como yo cuido a los míos.

Ese nido es un hogar;
no lo rompas, no lo hieras;
sé bueno y deja a las fieras
el vil placer de matar.

MI PADRE

Juan de Dios Peza

Yo tengo en el hogar un soberano
Único a quien venera el alma mía;
Es su corona de cabello cano,
La honra es su ley y la virtud su guía.

En lentas horas de miseria y duelo,
Lleno de firme y varonil constancia,
Guarda la fe con que me habló del cielo
En las horas primeras de mi infancia.

La amarga proscripción y la tristeza
En su alma abrieron incurable herida;
Es un anciano, y lleva en su cabeza
El polvo del camino de la vida.

Ve del mundo las fieras tempestades,
De la suerte las horas desgraciadas,
Y pasa, como Cristo el Tiberíades,
De pie sobre las olas encrespadas.

Seca su llanto, calla sus dolores.
Y, sólo en el deber sus ojos fijos,
Recoge espinas y derrama flores,
Sobre la senda que trazó a sus hijos.

Me ha dicho: "A quien es bueno, la amargura
Jamás en llanto sus mejillas moja:

En el mundo la flor de la ventura
Al más ligero soplo se deshoja.

"Haz el bien sin temer el sacrificio,
El hombre ha de luchar sereno y fuerte,
Y halla quien odia la maldad y el vicio
Un tálamo de rosas en la muerte.

"Si eres pobre confórmate y sé bueno;
Si eres rico, protege al desgraciado,
Y lo mismo en tu hogar que en el ajeno
Guarda tu honor para vivir honrado.

"Ama la libertad; libre es el hombre,
Y su juez más severo es la conciencia;
Tanto como tu honor guarda tu nombre,
Pues mi nombre y mi honor forman tu herencia."

Este código augusto en mi alma pudo,
Desde que lo escuché, quedar grabado:
En todas las tormentas fue mi escudo,
De todas las borrascas me ha salvado.

Mi padre tiene en su mirar sereno
Reflejo fiel de su conciencia honrada.
¡Cuánto consejo cariñoso y bueno
Sorprendo en el fulgor de su mirada!

La nobleza del alma es su nobleza;
La gloria del deber forma su gloria;
Es pobre, pero encierra su pobreza
La página más grande de su historia.

Siendo el culto de mi alma su cariño,
La suerte quiso que al honrar su nombre,
Fuera el amor que me inspiró de niño
La más sagrada inspiración del hombre.

Quiera el cielo que el canto que me inspira
Siempre sus ojos con amor lo vean,
Y de todos los versos de mi lira
Éstos los dignos de su nombre sean.

LO QUE DEBE HACER
TODO BUEN NIÑO

A. G. G. Pezzana

Para ser fuerte y sano — He de masticar lento,
Y por la nariz sólo — Daré paso al aliento.
Echaré atrás los hombros, — Rectos cabeza y pecho,
Y abriré las ventanas — Mientras duerma en mi
                                                    [lecho.

Todo he de enjabonarme, — Lavarme enteramente;
Luego, frotarme tanto — Que la piel sienta ardiente.
No debo estar ocioso — Ni vagar aburrido.
Ni intentar distraerme — Con gritar y hacer ruido.
Jugar con mis amigos — Será lo más discreto.
Leer amenos libros, — No hojearlos inquieto.
Comenzar una cosa — Con idea segura,
Saber que todo juego — Cansa si mucho dura.
Amar las cosas bellas, — Obrar graciosamente,
Robustecer mis miembros — Y enriquecer la mente.
Y cuando dulce venga — La noche solitaria...
Con fe, y no con los labios, — Recitar mi plegaria.

EL HIMNO

Julio F. Picarel

Con la luz de las glorias nacionales
y aleteos de cóndores andinos,
palpita en sus acordes inmortales
el alma de los héroes argentinos.

¡Libertad! ¡Libertad!... entona el pecho
y ¡Libertad!... anuncia el sol radiante;
¡Paz... desde el Pilcomayo hasta el Estrecho,
desde las altas cumbres al Atlante!

Es la voz de la Patria redimida,
la síntesis profunda de su historia,
el titánico aliento de su vida
y el canto magistral de su victoria.

¡Y así vibrante, cual fraterno grito
del alma patria en generoso anhelo,
remontando su acento al infinito,
saluda al mundo en el azul del cielo!

VERSOS DE MAR

Andrés de Piedra-Bueno

Oye, María Antonia,
la música más
linda de las músicas...
¿No te gusta el mar?...

Hay un pececito
que quiere saltar

de su cárcel de agua...
¿No te gusta el mar?...

Hay una ola blanca
que sabe cantar
un canto de espumas...
¿No te gusta el mar?...

Y hay perlas que tienen
por su claridad
pedazos del día...
¿No te gusta el mar?...

Y hay coral que sirve
—no olvides: ¡Coral!—
para las peinetas...
¿No te gusta el mar?...

Y hay teclas más blancas
que granos de sal,
de un gran piano de agua...
¿No te gusta el mar?...

Abre tus ojitos
y ven a pasear.
Te doy mi barquito...
¿No te gusta el mar?...

Pasarán los años
y tú viajarás;
¡ay, pero no olvides
que te gusta el mar...!

El mar es un cielo,
pero musical;
¡y Dios el pianista
del piano del mar...!

VERSOS DE ESTRELLAS

Andrés de Piedra-Bueno

El cielo ha llorado
sus lágrimas bellas;
mira, María Antonia,
qué lindas estrellas.

Una estrella blanca
y una estrella azul.
Son las pisaditas
del niño Jesús.

Mira, María Antonia,
cómo todo el cielo
se pone en la frente
un extraño velo...

¡Un velo con muchas
estrellas que son
dientecitos blancos
de un ángel de Dios!

Toma una estrellita
y ponte a jugar.
Vamos, arrodíllate
y empieza a rezar.

Pídele a la Virgen
un rosal de luz,
y mándale un beso
al niño Jesús.

EL SOL Y EL POLVO

Rafael Pombo

Alzándose en furioso torbellino
eclipsó el polvo al sol,
y gritóle por mofa: *¡Astro divino!*
¿Dónde estás? ¿Qué te hiciste?... Y su camino
siguió en silencio el sol.
Y cesó el huracán; y tornó al cieno
el polvo vil; y en el azul sereno
de gloria y pompa lleno
siguió en silencio el sol.

LA CANGREJA CONSEJERA

Rafael Pombo

—Anda siempre derecha,
querida hijita
—mamá Cangreja díjole
a Cangrejita—;
para ser buena,
obedece a tu madre
cuanto te ordena.

—Madre —responde aquélla—,
voy a seguirte,
no quiero en ningún caso
contradecirte,
ve tú adelante,
que dándome el ejemplo,
lo haré al instante.

LA FIESTA DE
MIRRINGA MIRRONGA

Rafael Pombo

Mirringa Mirronga, la gata candonga,
va a dar un convite, jugando escondite,
y quiere que todos los gatos y gatas
no almuercen ratones ni cenen con ratas.

"A ver, mis anteojos, y pluma y tintero,
y vamos poniendo las cartas primero.
Que vengan las Fuñas y las Fanfurriñas,
y Ñoño y Marroño y Tompo y las niñas.

"Ahora veamos qué tal de alacena.
Hay pollo y pescado, la cosa está buena.
Y hay tortas y bollos, y carne sin grasa.
¡Qué amable señora la dueña de casa!

"Venid, mis michitos Mirrín y Mirrón.
Id volando al cuarto de mamá Fogón
por ocho escudillas y cuatro bandejas
que no estén rajadas, ni rotas, ni viejas.

"Venid, mis michitos Mirrón y Mirrín,
traed la canasta y el dindirindín,
y, ¡zape, al mercado!, que faltan lechugas,
y nahos y coles y arroz y tortugas.

"Decid a mi amita que tengo visita,
que no venga a verme, no sea que enferme;
que mañana mismo devuelvo sus platos,
que agradezco mucho y están muy baratos.

"¡Cuidado, gatitas, si el suelo me embarran!
¡Que quiten el polvo, que frieguen, que barran!
Las flores, la mesa, la sopa... ¡Tilín!".

Llegaron en coche ya entrada la noche
señores y demás, con muchas zalamas,
en gran uniforme, de cola y de guante,
con cuellos muy tiesos y frac elegante.

Al cerrar la puerta Mirriña, la tuerta,
en una cabriola se mordió la cola,
mas olió el tocino y dijo: "¡Miau!
¡Éste es un banquete de pipiripau!".

Con muy buenos modos sentáronse todos,
tomaron la sopa y alzaron la copa;
el pescado frito estaba exquisito
y el pavo sin hueso era un embeleso.

De todo les brinda Mirringa Mirronga:
"¿Le sirvo pechuga?" "Como usted disponga;
y yo a usted pescado, ¿qué, está delicado?"
"Pues tanto le peta, no gaste etiqueta:

Repitan sin miedo." Y él dice: "Concedo";
mas ¡ay!, que una espina se le atasca indigna
y Ñoña la hermosa, que es habilidosa,
metiéndole el fuelle le dice: "¡Resuelle!".

Mirriña, la cuca, le golpeó en la nuca,
y pasó al instante la espina del diantre.
Sirvieron los postres y luego el café,
y empezó la danza bailando un minué.

Hubo vals, lanceros y polka y mazurka.
Y Tompo, que estaba con máxima turca,
enreda en las uñas el traje de Ñoña
y ambos van al suelo y ella se desmoña.

Maullaron de risa todos los danzantes,
y siguió el jaleo más alegre que antes,
y gritó Mirringa: "¡Ya cerré la puerta!
¡Mientras no amanezca, ninguno deserta!".

Pero, ¡qué desgracia!, entró doña Engracia
y armó un gatuperio un poquito serio.
dándoles chorizo de don Pegadizo
para que hagan cenas con tortas ajenas.

ESTUDIA

Elías Calixto Pompa

Es puerta de luz un libro abierto;
entra por ella, niño, y de seguro
que para ti serán en lo futuro
Dios más visible, su poder más cierto.

El ignorante vive en el desierto
donde es el agua poca, el aire impuro;
un grano le detiene el pie inseguro;
camina tropezando, *¡vive muerto!*

En ése de tu edad abril florido
recibe el corazón las impresiones
como la cera el toque de las manos.

Estudia, y no serás cuando crecido
ni el juguete vulgar de las pasiones,
ni el esclavo servil de los tiranos.

EL PADRE Y SUS TRES HIJOS

Fermín de la Puente

Érase cierta vez, y va de cuento,
Un padre cariñoso con tres hijos,
Que con esmero de su bien cuidaba
Y conocer sus caracteres quiso.
—De esa sortija —dice— en el brillante
Pender he visto vuestros ojos fijos.
¿Os agrada? Pues bien: para vosotros
Hoy mismo la destina mi cariño.
Será, de entre los tres, para el que cuente
En su vida la acción de mejor brillo;
Contad, ya escucho. Juez en esta liza
Será el amor del bien; yo, su ministro.
—Padre —dijo el mayor—, yo de un extraño
Tuve todo el caudal, sin un recibo.
Con él pude quedarme; lo he devuelto;
¿Verdad que fe de honrado he merecido?
—Murieras —dijo el padre— a no tenerla,
De la conciencia acusadora al grito.
La probidad es un deber tan sólo,
Y mérito ninguno hay en cumplirlo.
—Padre —siguió el segundo—, yo, jugando,
Vi junto a un lago a un inocente niño;
Deslizóse, cayó, presto se ahogara;
Pero yo le salvé. ¿Quieres testigos?
—Fuera en vano —el padre le contesta—;
Fuiste humano tan sólo en conseguirlo.
¿Si me habré de quedar con la sortija?
¡De pensarlo tan sólo me contristo!
—Yo —prosiguió el tercero—, sin ser causa,
Tengo ¡con qué dolor! un enemigo;
Pues bien, dormido con profundo sueño,
Al borde le encontré de un precipicio.
El menor movimiento, puesto hubiera
Fin seguro a su mísero destino.

Miréle, y por mis venas discurría
Instantáneo temblor, rígido y frío.
Pensé que si tal vez no le llamara,
Iba su muerte a hallar sin más auxilio;
Acércome en silencio, le suspendo,
Y sin que él se despierte, le retiro.
—Ven a mis brazos, ven, hijo del alma!
—exclamó el dulce padre enternecido—,
Eso es digno, eso es noble..., eso es cristiano.
¡Tuyo es mi corazón..., tuyo el anillo!

SONETO A UNA NARIZ

Francisco de Quevedo

Érase un hombre a una nariz pegado,
érase una nariz superlativa,
érase una nariz sayón y escriba,
érase un peje espada muy barbado.

Era un reloj de sol mal encarado,
érase una alquitara pensativa,
érase un elefante boca arriba,
era Ovidio Nasón más narizado.

Érase un espolón de una galera,
érase una pirámide de Egipto,
las doce tribus de narices era.

Érase un naricísimo infinito,
muchísima nariz, nariz tan fiera,
que en la cara de Anás fuera delito.

LA ROCA

Luis Ran

Altiva la ola del mar
contra la roca al chocar,
decía a la roca así:
—¿Por qué cuando vengo a ti
me debo siempre estrellar?
Y dijo la roca: —A fe
que no te maltrataré
si vienes mansa a ceñirme;
mas si vienes a escupirme
siempre te rechazaré.
Así es la verdad. Si ante ella,
como ante la roca aquella,
la torpe razón avanza,
si llega humilde, la alcanza;
si llega altiva, se estrella.

EL CANTO DE LA PAMPA

Francisco Aníbal Riú

Venga el trabajo del bueno
a remover mi corteza,
embrión del mundo que empieza
a transformarme la faz.
¡En el teatro de la paz
represento la grandeza!
Venga el hierro del cultivo
y el brazo del sembrador,
que mi seno redentor
no ha sido estéril ni esquivo.
Tiembla el orgullo nativo
en mis viriles antojos,

y con los sacros despojos
del heroísmo que en mí duermen,
se unge de amores el germen
y se enfloran los rastrojos.
Yo siento, patria, la diana
del futuro que fascina,
¡patria que siendo argentina
no dejas de ser humana!
Yo soy la tierra lejana
que se convierte en venero;
la que enguirnalda el alero
de tus glorias de arrebol,
¡y canta dianas al sol
con el clarín del pampero!

PLANTEMOS EL ÁRBOL

Enrique E. Rivarola

Abramos la tierra, plantemos el árbol,
será nuestro amigo y aquí crecerá
y un día vendremos buscando su abrigo
y flores y frutas y sombra dará.

El cielo benigno dé riego a su planta,
el sol de septiembre le dé su calor,
la tierra su jugo dará a sus raíces
y tengan sus hojas verdura y frescor.

Plantemos el árbol, el árbol amigo;
sus ramas frondosas aquí extenderá,
y un día vendremos buscando sus flores
y sombras y frutas y flores dará.

ROMANCE DE AUSENCIAS

Ricardo Rojas

Arbolitos de mi tierra,
crespos de vainas doradas,
a cuya plácida sombra
pasó cantando mi infancia...

He visto árboles gloriosos
en otras tierras lejanas,
pero ninguno tan bello
como ésos de mi montaña.

Mística unción del recuerdo
que me estremeces el alma,
trayéndome desde lejos,
como en sutil brisa alada,
un arrullo de palomas
cuando el crespúsculo avanza:
un aroma de poleos
cuando el viento se levanta;
y en el silencio nocturno
un triste son de vidalas.

Algarrobal de mi tierra,
crespo de vainas doradas,
a cuya plácida sombra
pasó cantando mi infancia...

LOS GRANADEROS

Belisario Roldán

Rompe en los desfiladeros
un retumbo de ciclón...
¡Son ellos, los granaderos
dantescos del escuadrón
de la muerte, los primeros
que, escalando los peñones,
en un fantástico vuelo
de pegasos redomones,
empenacharon de cielo
la gloria de sus morriones!

¡Son ellos! ¡Bajo la lumbre
del firmamento inmediato,
revuelan de cumbre en cumbre,
y ve absorto el Tupungato
una alada muchedumbre
que trepa por la ladera
purpurada de arrebol,
lo mismo que si quisiera
robarse el disco del sol
para usarlo en la bandera!

¡Son ellos! ¡Descenderán
del lado del occidente;
y las águilas verán
que al retornar el naciente,
por botín de guerra van
conduciendo los atletas:
redención en las pupilas,
luz en las almas inquietas,
libertad en las mochilas
y cielo en las bayonetas!

EL CABALLITO CRIOLLO

Belisario Roldán

Caballito criollo, del galope corto
del aliento largo y el instinto fiel.
Caballito criollo que fue como un asta
para la bandera que anduvo sobre él.
Caballito criollo, que de puro heroico
se alejó una tarde de bajo su ombú
y en alas de extraños afanes de gloria
se trepó a los Andes y se fue al Perú.
Se alzará algún día, caballito criollo,
sobre una eminencia un overo en pie.
y estará tallada tu figura en bronce,
caballito criollo que pasó y se fue.

EL COHETE

Salvador Rueda

Lanzóse audaz a la extensión sombría
y era, al hender el céfiro sonante,
el surtidor de fuego palpitante
que en las ondas del aire se envolvía.

Viva su luz como la luz del día,
resplandeció en los cielos fulgurante,
cuando la luna en el azul radiante
como rosa de nieve se entreabría.

Perdióse luego su esplendor rojizo;
siguió fugaz, cual raudo meteoro,
y al fin surgió como candente rizo.

Paró de pronto su silbar sonoro;
y, tronando potente, se deshizo
en un raudal de lágrimas de oro.

LAS PIEDRAS

Salvador Rueda

Vive en cada piedra un alma dormida
que un sueño de hierro retiene rendida,
y nada hay que pueda tal sueño romper;
vive en cada piedra un ser misterioso,
que en vano pretende surgir del reposo
y su propia cárcel rasgar con su ser.
Amad a las piedras, que son formas puras;
no piséis con ira sus caras oscuras;
sus rostros extraños debéis adorar;
su humildad me inspira dolor tan profundo
¡qué por no ir pisando las piedras del mundo,
Dios, dame unas alas que quiero volar!

SIEMBRA ETERNA

Román de Saavedra

Sembremos en los campos eternos de la vida
sin pensar en el fruto, sin soñar en la flor;
cada semilla humilde que germina escondida
guarda para otros hombres un mensaje de amor.

La vida es toda fruto de una espiga primera
que por surcos ignotos, desde la eternidad,
va rodando, rodando, de una era a otra era;
va rodando, rodando, de una edad a otra edad.

Somos los segadores de esa herencia divina;
una deuda remota nos apremia al nacer.
Enterremos el germen de la futura encina,
para gozar la sombra de la encina de ayer.

CARICIAS

(Canciones de madre)

Carlos Luis Sáenz

Te doy la luna blanca,
te doy el sol,
y por cada sonrisa,
mi corazón.

Reyecito de mi alma,
rey de mi amor,
que el beso de tus labios
nada hay mejor.

Para ti soy tan blanda
como algodón;
cuando conmigo juegas
me torno en flor.

Reyecito de mi alma,
rey de mi amor,
eres sobre la tierra
mi bendición.

EL CUERVO Y EL ZORRO

Félix María de Samaniego

En la rama de un árbol,
bien ufano y contento,
con un queso en el pico
estaba un señor Cuervo.

Del olor atraído,
un Zorro muy maestro
le dijo estas palabras,
o poco más o menos:

—Tenga usted buenos días,
señor Cuervo, mi dueño;
vaya que está donoso,
mono, lindo en extremo.

Yo no gasto lisonjas
y digo lo que siento:
que si a su bella traza
corresponde el gorjeo,
juro a la diosa Ceres,
siendo testigo el cielo,
que usted ha de ser el fénix
de sus vastos imperios.

Al oír un discurso
tan dulce y halagüeño,
de vanidad llevado,
quiso cantar el Cuervo,
y abriendo el negro pico,
dejó caer el queso.

El muy astuto Zorro,
después de recogerlo,
le dijo:

—Señor bobo,
pues sin otro alimento
queda usted de alabanzas
tan hinchado y repleto,
digiera las lisonjas
mientras digiero el queso.

EL GORRIÓN Y LA LIEBRE

Félix María de Samaniego

Un maldito gorrión así decía
A una liebre, que un águila oprimía.
"¿No eres tú tan ligera,
Que si el perro te sigue en la carrera,
lo acarician y halagan como el cabo
Acerque sus narices a tu rabo?
Pues empieza a correr: ¿qué te detiene?".
De este modo le insulta, cuando viene
El diestro gavilán, y lo arrebata.
El preso chilla, el prendedor lo mata
Y la liebre exclamó: "Bien merecido.
¿Quién te mandó insultar al afligido?
¿Y a más meterte a consejero,
No sabiendo mirar por ti primero?".

EL ASNO Y EL COCHINO

Félix María de Samaniego

Envidiando la suerte del cochino
Un asno maldecía su destino.
"Yo —decía— trabajo y como paja;
Él come harina y berza, y no trabaja;
A mí me dan de palos cada día;
A él le rascan y halagan a porfía".
Así se lamentaba de su suerte;
Pero luego que advierte
Que a la pocilga alguna gente avanza
En guisa de matanza,
Armada de cuchillo y de caldera,
Y que con maña fiera
Dan al gordo cochino fin sangriento,
Dijo entre sí el jumento:
"Si en esto para el ocio y los regalos,
Al trabajo me atengo y a los palos".

EL LEÓN Y EL RATÓN

Félix María de Samaniego

Estaba un ratoncillo aprisionado
En las garras de un león: el desdichado
En la tal ratonera no fue preso
Por ladrón de tocino ni de queso,
Sino porque con otros molestaba
Al león que en su retiro descansaba.
Pide perdón llorando su insolencia;
Al oír implorar la real clemencia,
Responde el rey en majestuoso tono
(No dijera más Tito): "Te perdono".
Poco después, cazando el león, tropieza

En una red oculta en la maleza;
Quiere salir, mas queda prisionero.
Atronando la selva, ruge fiero.
El libre ratoncillo, que lo siente,
Corriendo llega, roe diligente
Los nudos de la red, de tal manera,
Que al fin rompió los grillos de la fiera.

Conviene al poderoso
Para los infelices ser piadoso;
Tal vez se puede ver necesitado
Del auxilio de aquel más desdichado.

EL ZAGAL Y LAS OVEJAS

Félix María de Samaniego

Apacentando un joven su ganado,
gritó desde la cima de un collado:
—¡Favor, que viene el lobo, labradores!
Éstos, abandonando sus labores,
acuden prontamente,
y hallan que es una chanza solamente.
Vuelve a llamar, y temen la desgracia.
Segunda vez los burla. ¡Linda gracia!
Pero ¿qué sucedió la vez tercera?
Que vino en realidad la hambrienta fiera.
Entonces el zagal se desgañita,
y por más que patea, llora y grita,
no se mueve la gente escarmentada,
y el lobo le devora la manada.

¡Cuántas veces resulta de un engaño
contra el engañador el mayor daño!

LAS DOS RANAS

Félix María de Samaniego

Tenían dos ranas
Sus pastos vecinos;
Una en un estanque,
Otra en un camino.
Cierto día a ésta
Aquella le dijo:
"¿Es creíble, amiga,
De tu mucho juicio,
Que vivas contenta
Entre los peligros
Donde te amenazan,
Al paso preciso,
Los pies y las ruedas,
Riesgos infinitos?
Deja tal vivienda,
Muda de destino:
Sigue mi dictamen,
Y vente conmigo".
En tono de mofa,
Haciendo mil mimos,
Respondió su amiga:
"¡Excelente aviso!
¡A mí novedades!
¡Vaya, qué delirio!
Eso sí que fuera
Darme el diablo ruido.
¡Yo dejar la casa,
Que fue domicilio
De padres, abuelos
Y todos los míos,
Sin que haya memoria
De haber sucedido
La menor desgracia
Desde luengos siglos!".

"Allá te compongas:
Mas ten entendido
Que tal vez suceda
Lo que no se ha visto".
Llegó una carreta
A este tiempo mismo,
Y a la triste rana
Tortilla la hizo.
Por hombre de seso
Muchos hay tenidos
Que a nuevas razones
Cierran los oídos.
Recibir consejos
Es un desvarío:
La rancia costumbre
Suele ser su libro.

LOS DOS PERROS

Félix María de Samaniego

Sultán, perro goloso y atrevido,
en su casa robó por un descuido
una pierna excelente de carnero.
Pinto, gran tragador, su compañero,
le encuentra con la presa encarnizado,
ojo al través, colmillo acicalado,
fruncidas las narices y gruñendo.
"¿Qué cosa estás haciendo,
desgraciado Sultán? —Pinto le dice—.
¿No sabes, infelice,
que un perro infiel, ingrato,
no merece ser perro sino gato?
¡Al amo, que nos fía
la custodia de casa noche y día,
nos halaga, nos cuida y alimenta,

le das tan buena cuenta,
que le robas, goloso,
la pierna del carnero más jugoso!
Como amigo te ruego
no la maltrates más: déjala luego".
"Hablas —dijo Sultán— perfectamente.
Una duda me queda solamente
para seguir al punto tu consejo:
dí, ¿te la comerás si yo la dejo?".

LA ZORRA Y LAS UVAS

Félix María de Samaniego

Es voz común que a más del mediodía,
en ayunas la Zorra iba cazando;
halla una parra, quédase mirando
de la alta vid el fruto que pendía.

Causábale mil ansias y congojas
no alcanzar a las uvas con la garra,
al mostrar a sus dientes la alta parra
negros racimos entre verdes hojas.

Miró, saltó, y anduvo en probaduras;
pero vio el imposible ya de fijo;
entonces fue cuando la Zorra dijo:
—No las quiero comer; no están maduras.

A UN IMPACIENTE

Manuel de Sandoval

Lo que no logres hoy, quizá mañana
lo lograrás; no es tiempo todavía;
¡nunca en el breve término de un día
madura el fruto ni la espiga grana!

No son jamás en la labor humana,
vano el afán ni inútil la porfía;
el que con fe y valor lucha y confía,
los mayores obstáculos allana.

Trabaja y persevera, que en el mundo
nada existe rebelde ni infecundo
para el poder de Dios o el de la idea.

¡Hasta la estéril y deforme roca
es manantial cuando Moisés la toca
y estatua cuando Fidias la golpea!

EL GUSANITO DE SEDA

Hilario Sanz

Gusanito, gusanito,
teje, teje sin cesar,
teje ya tu capullito,
téjelo hasta terminar.

Luego, encerradito
en tu capullito,
te convertirás
en la mariposa,
novia de la rosa,

de bellos colores
que liba las flores.

Teje, gusanito,
teje sin cesar,
teje tu capullo
hasta terminar.

MIS DEDITOS

Hilario Sanz

Son mis deditos,
mírelos,
cinco hermanitos,
mírelos,
siempre juntitos,
mírelos, mírelos.
De mi mano los deditos,
los deditos, cinco son,
mírelos, cuéntelos:
el índice, el anular,
el mayor o corazón,
el meñique y el pulgar;
mírelos, cuéntelos,
cinco son; cinco son.
El mayor mandó a meñique
a que comprara un huevito,
y menique lo compró;
mírelo.
Éste le puso sal,
éste lo cocinó,
mírelo;
el pícaro gordo se lo comió
y el pobrecito menique

ni siquiera lo probó.
¡Qué dolor, qué dolor!

EL JILGUERO

Hilario Sanz

Jilguerillo, jilguerillo.
tú que vuelas sin cesar,
ve y dile a mi madrecita
que ayer me viste jugar,
que la adoro con locura
y no la puedo olvidar.

Jilguerillo, jilguerillo,
tú que cantas sin cesar,
cántale a mi madrecita
que no la dejo de amar,
que la adoro con locura
y no la puedo olvidar.

Bello jilguero,
vuela ligero
y en tu piquito
a mi buena madre
llévale un besito.

¡CHIST!...

José Selgas

¡Tengo un ángel tan bello!
¡Con unos labios tan rojos!...
Negros, muy negros sus ojos;
rubio, muy rubio el cabello.

Junto a la cama, yo miro
su faz dormida y serena,
más blanca que una azucena,
y más suave que un suspiro.

En su rostro angelical
brilla el alma candorosa,
como el botón de una rosa
en un vaso de cristal.

¡Venid! En su boca vierte
el sueño blanda sonrisa...
¡Eh!..., no vengáis tan de prisa...
¡Callad, que no se despierte!...

¿No veis con qué gracia va
la tierna boca entreabriendo?
Pues siempre que está durmiendo,
siempre sonriendo está.

Tiene poco más de un año...
No lo beséis..., duerme ahora,
y al despertar, siempre llora,
como si la hicieran daño.

Mirándola estoy dormida
y me estoy mirando en ella:
la ves como una estrella
en la noche de mi vida.

Hermosa niña, ¿qué suerte
le guardará la fortuna?
No mováis tanto la cuna...
¡Callad, que no se despierte!...

Es un ángel de hermosura,
de esos que una madre sueña.
¡Tiene la faz tan risueña,
y la mirada tan pura!

¡Con qué indefinible anhelo
miro su faz sonrosada!
Es un alma desterrada...
Sí, desterrada del cielo.

¡Más bajo!... No habléis tan fuerte;
no turbéis su sueño blando.
¡Sueña!... ¿Qué estará soñando?
¡Callad, que no se despierte!

LA ESPERANZA

José Selgas

—¿Qué me traes?
        —Mucha riqueza.
—¿En tesoros?
        —Inmortales.
—¿Para qué?
        —Para tus males.
—¿Pues qué padezco?
        —Tristeza.
—¿Qué me infundes?
        —Fortaleza.
—¿Buscas?...
        —El mal que te alcanza.

—¿Qué prometes?
—Bienandanza.
—¿De qué sirves?
—De consuelo.
—¿De dónde vienes?
—Del Cielo.
—Díme tu nombre.
—Esperanza.

LA CUNA VACÍA

José Selgas

Bajaron los ángeles,
besaron su rostro,
y cantando a su oído dijeron:
"Vente con nosotros".

Vio el niño a los ángeles
de su cuna en torno,
y agitando los brazos les dijo:
"Me voy con vosotros".

Batieron los ángeles
sus alas de oro
suspendieron al niño en sus brazos
y se fueron todos.

De la aurora pálida
la luz fugitiva,
alumbró a la mañana siguiente
la cuna vacía.

LOS POLLITOS

Fernán Silva Valdés

Como en la clase,
como en la escuela,
parecen niños
con la maestra.

Va la gallina con los pollitos.
Son tan redondos, tan redonditos,
tan afelpados, tan amarillos
como las flores del espinillo.

Todo lo miran y picotean;
luego se esparcen listos y alegres,
mas si los llama la madre, acuden
como los chicos más obedientes.

Como en la clase,
como en la escuela,
parecen niños
con la maestra.

LA MANCHA

Fernán Silva Valdés

Por allá en la tardecita,
dentro del espacio azul,
están jugando a la mancha
diez mil bichitos de luz.

Como va siendo de noche
todos llevan un farol
que apagan para esconderse,

como diciendo: ¡a mí no!;
que encienden, para mostrarse,
como gritando: ¡aquí estoy!

Por allá en la tardecita,
dentro del espacio azul,
están jugando a la mancha
diez mil bichitos de luz.

ROMANCE PARA UN AMANECER

Fernán Silva Valdés

El buey rosillo del alba
Por los caminos del cielo
Viene tirando del día,
Bufando nubes de aliento.

No necesita de yugos;
Viene uncido estando suelto.
Una voluntad lo enyuga:
La del celeste carrero.

Trae una carga liviana
—Pura pluma, puro acento—.
Trae una preciosa carga
De pájaros tempraneros.

Ante su paso se oculta
hasta el último lucero,
Pues no necesita luces
Quien de luz tiene hecho el cuerpo.

Todo el campo se colora
Con el tinte del misterio,

Llega el aliento de Dios
En las alitas del céfiro.

El buey rosillo del alba,
Por los caminos del cielo
Viene tirando del día,
Bufando nubes de aliento.

LA MUJERCITA

Sitja y Pineda

Tan pequeñita
cual mujercita
hace el encaje,
sabe leer.

Yendo a la escuela,
canta tan dulce,
que de escucharla
causa placer.

Quieren oírla
las avecillas,
y de sus picos
cesa el rumor.
Las mariposas
van junto a ella,
manos tan tiernas
no dan temor.

Cuando su madre
tiene trabajo
ella se cuida
del chiquitín;
por más que llore,

con sus caricias
el pequeñito
duérmese al fin.

MI MANECITA

Por Sitja y Pineda

Manecita
rosadita,
muy experta
yo te haré,
para que hagas buena letra
y no manches
el papel.

Cariñosa
quiero verte
como el beso
del amor,
sin torcerte, sin envidia,
comedida
en la ambición.

Siempre dulce
y compasiva
con quien sufra
cualquier mal,
siempre ayuda
del caído,
siempre fuerte
en el amar.

LA MAÑANITA

Guillermo Stock

Cuando la noche se va
Una muchacha bonita
Canta, ríe hasta que está
El sol: es la mañanita.

Y cuando el sol se presenta
Y su plena luz envía,
Ella cantando se ausenta
Y regresa al otro día.

Mañanita del verano,
Del otoño y primavera,
En los que salen temprano,
¡Quién habrá que no te quiera!

Mañanita; alegre flora;
Primer aleteo; ¡vida!
¡Mañanita fuerza; hora
Que a la esperanza convida!

Mañanita; albor del cielo
Y del alma, aire fragante
Que incita a una fuerte calma.
¡Rocío vivificante
De los rosales del suelo
Y de las rosas del alma!

EL SAPITO GLO GLO GLO

José Sebastián Tallón

Nadie sabe dónde vive.
Nadie en la casa lo vio.
Pero todos escuchamos
al sapito: glo... glo... glo...

¿Vivirá en la chimenea?
¿Donde diablos se escondió?
¿Dónde canta cuando llueve
el sapito: glo... glo... glo...?

¿Vive acaso en la azotea?
¿Se ha metido en un rincón?
¿Está abajo de la cama?
¿Vive oculto en una flor?

Nadie sabe dónde vive,
nadie en la casa lo vio.
Pero todos lo escuchamos
Cuando llueve: glo... glo... glo...

LA GOTA DE AGUA

José Sebastián Tallón

Salió del mar y se encontró en la nube
Después, la nube se alejó en el viento.
Y por fin, al llover, la gota de agua
se encontró en la raíz de un duraznero.
Otras gotas quedaron en las ramas,
y al verse tan brillantes y arriba, se rieron
de la pobre gotita que en la tierra
tan abajo oscura, se había muerto.

Pero cuando en el árbol no quedaba
de las gotas brillantes ni el recuerdo,
la gota muerta no era muerta. Era
jugo en el jugo de un durazno nuevo.

LA ABUELITA

E. Turini

Aunque parece en un sillón dormida
la abuela está evocando suavemente
los lejanos recuerdos de su vida.
¡Oh, cómo la contempla enamorada
(mientras apoya la cabeza blanca
en la nudosa mano fatigada)
la nieta!, y se aproxima, observa franca
y risueña; después, con dulce acento
del amoroso visionar la arranca:
—¿Hoy no me dices, abuelita, un cuento?
La abuela piensa. Pasa en la memoria
un cuento, y otro cuento, y otro cuento.
Refiere Barba Azul; sigue la historia
de Alí Babá; desfila el atrevido
Pulgarcito soñando con la gloria...
Las diez canta el reloj. Mezcla el tañido
en el relato de su melancolía.
La nieta, poco a poco, se ha dormido...
Y la abuelita cuenta todavía.

A MITRE

Félix de Ugarteche

Hunda el artista en su genial momento
hábil cincel en la materia dura,
para que surja entera tu estatura
en el mármol del regio monumento,
y todo vibre en él: tu sentimiento
dado a la patria; tu existencia pura
consagrada a la acción, la misma altura
donde brilló tu excelso pensamiento.

Pues fuiste todo: historiador profundo,
leader, patricio y adalid fecundo,
gobernante sin tacha, y ciudadano;

y al descender sin odios de la cumbre,
en la prensa te vio la muchedumbre
ser paladín del pueblo soberano.

EL CIEGO

José de Velilla

Mientras el perrillo, echado,
muerde el cordel que le amarra
templa su bronca guitarra
el ciego desventurado.

Después de luchas prolijas
le arranca infernales notas;
que dos cuerdas tiene rotas
y gastadas las clavijas.

Distintas músicas son
las del mísero instrumento,
y siempre es el mismo acento,
siempre es igual la canción.

Que con famélico afán,
la guitarra vibradora
del ciego en las manos llora
cuando canta y grita: ¡pan!

Vistiendo negros crespones
llega la noche sombría,
no tan negra ni tan fría
como están los corazones.

Se extingue todo ruido...
Solo en la calle ha quedado,
y a su guitarra abrazado
el ciego, al fin se ha dormido.

Si alguno, en su turbación,
caminando con torpeza,
en la guitarra tropieza,
se escucha una vibración;

que a los que vienen y van,
la guitarra, al ser herida,
grita con voz dolorida
rompiendo el silencio: ¡pan!

EL FÓSFORO

Constancio C. Vigil

Azul de prusia el rostro le colora;
es de algodón su fláccido esqueleto;
traje de cera; continente escueto;
genio servil, que libre se desflora.

Abierta la prisión que lo atesora,
salta y la embiste con furioso reto,
y al estrellarse contra el parapeto
pálida llama surge y lo devora.

CAPERUCITA

Francisco Villaespesa

—Caperucita, la más pequeña
de mis amigas, ¿en dónde está?
—Al viejo bosque se fue por leña.
leña seca para amasar.
—Caperucita, dí, ¿no ha venido?
¿Cómo tan tarde no regresó?
—Tras ella todos al bosque han ido,
pero ninguno se la encontró.
—Decidme, niño, ¿qué es lo que pasa?
¿Por qué esos llantos? ¿Por qué esos gritos?
¿Caperucita no regresó?
—Sólo trajeron sus zapatitos ;
Dicen que un lobo se la comió.

PARTIR

Amado Villar

Quiere el férvido mar salir del suelo,
movido por la luna del verano
y el cardo volador, copla del llano,
pulsar la nota más azul del cielo.

Arde sin fin la luz, alto señuelo.
Todo quiere partir, ser voz y mano;
sombra del mundo cada fértil grano,
tembladora emoción cada pañuelo.

También el pensamiento, sangre rota,
como los juncos y las fuentes brota
con honda sed de rumorosos viajes.

Somos un frágil tornasol herido,
curva del viento, barro florecido,
vibrando al son de flechas y paisajes.

LOS ÁRBOLES

Félix B. Visillac

Los árboles del parque
en el lánguido otoño
parecen pensativos
bajo del cielo plomo;
huyeron de sus ramas
los pájaros, y solos
han quedado los nidos...
Cuando el viento sonoro
pasa en las tardes mustias,
el pasaje de un hondo

misterio se rodea...
bajo del cielo plomo;
esos árboles tristes
besados por otoño
parecen desde lejos
enormes copas de oro.

LAS FLORES

José Zorrilla

Las silvestres que abrileñas
abren sus hojas pequeñas
al sol, la lluvia y las brisas,
son los guiños y sonrisas
de los montes y las breñas.

Las que en la estación lozana,
primavera, las florestas
cubren de azul, oro y grana,
son el vestido de fiesta
con que el campo se engalana.

Las que en plena floración
ostentan sin par belleza,
son la primera oblación
que hace la naturaleza
al que hizo la creación.

Dios y el pueblo aman las flores,
Dios las tiene en sus altares,
y de aquél son los mejores
atavíos y primores
de sus fiestas populares.

Todos los humanos seres
las aceptan con cariño
en los duelos y placeres:
las lleva a la tumba el niño
y a los saraos las mujeres.

Son del amor el lenguaje,
de las bodas el mensaje,
del matrimonio la prenda,
de la gratitud la ofrenda,
de la gloria el homenaje.

Quien no guste de las flores...
¿a qué tendrá aspiración?
¿Quien no admire sus colores
ni se arrobe en sus olores...
¿Qué tendrá en el corazón?

MARIPOSAS

A. Zucchi

Alitas de mariposas,
alas blancas de inocencia,
alitas de transparencia
sobre el candor de las rosas.

Alitas maravillosas,
alitas que lleva el viento
por sobre el encantamiento
de los seres y las cosas.

Alitas de mil colores:
mariposa iluminada
que libas entre mil flores...

Tiende, mariposa, el vuelo.
¡Qué cruel y no sabe nada
la mano del pequeñuelo!

ÍNDICE TEMÁTICO

NUEVA BIBLIOTECA BILLIKEN

Las grandes obras de la literatura universal

NUEVA BIBLIOTECA BILLIKEN

Las grandes obras de la literatura universal